U0067179

翻轉教室行為
新手教師的焦點解決指南

Transforming behaviour in the classroom:
A solution-focused guide for new teachers

■作　者：Geoffrey James
■校閱者：林宏茂
■譯　者：陳湘芸、李御儂、李露芳

國立臺灣師範大學教育心理與輔導學系許維素教授　推薦

Transforming Behaviour in the Classroom

A solution-focused guide for new teachers

Geoffrey James

目錄

關於作者

我 40 歲中旬才開始教書，起初先去了幾間體制內的學校擔任代課教師，後來又轉去一所充滿希望與發想的特殊學校當正式教師。在那之前，我還做過生物研究、小規模農耕、學習障礙者的戶外教育等不同工作。從事幾年課堂教學之後，我轉調到地方政府單位，一邊從事教育性支援服務（educational support service），一邊進行我的博士研究，探究人類行為。20 年前我一踏入教育現場時就發現，「懲罰與控制」這條老路已經無效了，我們得在它之外另闢蹊徑。

「用有創意且振奮人心的法子教出正面行為，取代以蠻力去抑制負面行為」大大扭轉了從事教學實務的我，還有許多我服務過的成人與孩子。如果我們把行為視為一股需要抵制的力量，與之抗衡或將之擊潰勢必會令人耗竭。在我從事研究與實務工作的十年間，我發現一種叫作「焦點解決式思考」（solution-focused thinking）的方法，目標在找出什麼管用而非什麼不管用；什麼讓人面臨困難時依然保持愉快並成功。這輩子幾個最令我滿意的工作，以及這本書，就是因著這樣的思維方式而誕生。起初我也以為學生的改變純屬僥倖，但當越來越多的成功經驗逐漸累積，我開始相信這種思維方式有其實用性與價值。

過去幾年，我將焦點解決取向（solution-focused approach）運用在許多不同的情境，像是支持個體的行為、用焦點解決取向訓練專業工作者、兒童青少年心理衛生服務、組織和管理發展、社會工作訓練、教練工作、團隊營造、行為支持和學校場域的同儕訓練等等，純粹是想要看看可以帶出一些什麼不同？無論遇到任何困難，焦點解決取向和實用的解決式支持

（practical solution-support）都能夠營造快樂並帶來成功。

有一天，我和學生談完話準備起身離去，一位導師對我說：「只要我們又需要奇蹟時，就會打電話找你。」事情看起來好像如此，其實不然！在學校場域，成果通常來自於一種有系統且結構完整的良性教學，只是這碰巧與行為有關罷了！

Geoffrey James

校閱者簡介

林宏茂

中原大學心理學研究所碩士

曾任校長室秘書、總務主任、國立空中大學兼任講師、私立中原大學兼任講師、私立南亞技術學院兼任講師

現任國立中央大學附屬中壢高中輔導室主任暨臺灣焦點解決中心主任

2005 年獲選為教育部學生事務與輔導優秀人員

2008 年獲教育部教學卓越獎佳作

2010、2015 年度主辦適性學習社區教育資源均質化計畫獲得「一等獎」績優學校

2012 年獲選為全國優秀教育人員

2015 年獲選為全國績優輔導主任

2017 年中原大學心理系傑出系友獎

譯者簡介

（按章節順序排列）

陳湘芸（第 1 章）

國立臺灣師範大學教育心理與輔導學系諮商心理學碩士
曾任國立中壢家商輔導主任
現任桃園市立壽山高中專任輔導教師
具諮商心理師證照

李御儂（第 2、3 章）

國立臺灣大學外文系學士
國立臺灣師範大學教育心理與輔導學系諮商心理學碩士
美國密蘇里大學諮商心理學碩士
曾擔任數次焦點解決取向工作坊、生涯心理學年會大會演講、社會正義取向之生涯諮商、社會正義取向之霸凌工作坊等活動中英口譯
具諮商心理師證照

李露芳（第 4～10 章）

國立臺灣師範大學教育心理與輔導學系諮商心理學組博士班肄業
曾任國立林口高中專任輔導教師及輔導主任
具諮商心理師證照

前言

因為我在教學上融入「解決式支持」（solution-support）的成功經驗，許多人都催促我替這本書寫一些話。我見識過這個取向的實踐，儘管只有「支援」而缺乏「直接訓練」，我仍然在嘗試將焦點解決工作落實於我的幼兒園中。

身為一個教師，我非常熱中於學習，尤其是有關「孩子是怎麼學習」的方面。我長期致力於協助孩子發展出可以提升他們好奇心與學習興趣的技能。但最近我也開始意識到其他因素，像是動機、恆心、自我效能感（也就是他們對自己可以創造並帶來改變的信念）等的重要性。

這也引發我們學校開始反省校方在許多方面的作法。其中，要去調整向來使用獎賞、貼紙、讚美的方式，是對我們最大的挑戰，因為這些「好方法」一直廣受我們採納和推崇。為了要培養孩子在各方面學習上都能夠更獨立的做出妥善的決定，我們開始重新檢視過去是如何使用這些方法的。幾年下來，我們在給予獎賞或讚美上變得更有目的性，不再輕易給出。我們漸漸發現，幫著孩子聚焦於他們所致力的方向，有助於實現上述諸多我們重視的面向。

然而，翻轉我們思維上的重大關鍵是：反省到我們並未一視同仁的看待不同領域的學習。徹悟並非一夜之間，而是慢慢探索何以我們大力強調智育，卻忽略了社會與情緒的學習。

有一段時間，我們做出許多調整來優質化課堂學習，這種朝向發展有效學習行為的漸進式調整，開始發酵。可是，當課堂上的改革如火如荼的開展時，我們在課堂外（社會、情緒面的學習與行為）回應孩子犯錯與失誤的態度，卻有極大的落差。簡言之，我們視孩子在學科上的失誤（如閱讀或寫作技巧）為指出下一步的學習目標何在的「機會」；但當遇到社會與情緒面上的失誤，尤其是會影響到其他孩子時，我們卻仍沿襲過去慣用的「懲罰及缺陷模式」（punitive and deficit models），剝奪孩子的獎勵與自由活動時間。

當我們逐漸了解所有學習在本質上都是一種認知歷程，而能將孩子的行為視為他們在社會與情緒上發展的結果，改變就發生了！我們要能一致的回應他們的所有錯誤，這也意謂著我們得挑戰許多看待行為問題根深柢固的觀點，這些觀點多源自對公義的追求，而非如何協助孩子免於重蹈覆轍。

就在這個時候，我們遇見了 Geoffrey，他答應到我們學校會會一位孩子，我們覺得這孩子焦慮程度很高，在諸多校園生活面向上都適應不良。接下來的幾週，我們注意到孩子開始放鬆，在學校也表現得較為自在了！值得注意的是，當孩子們意識到自己對生活中的變化能發揮影響力時，焦慮程度就跟著大幅緩解。

和 Geoffrey 討論後，我開始去理解他是怎麼用焦點解決取向來和孩子們工作，尤其這個取向技巧簡樸，卻能巧妙的操作語言，來翻轉孩子的思維典範。由於急著運用這個新知，我開始操作焦點解決，特別用於那群其他方法都拿他們沒轍的孩子。

因為這段緣分，我們後來的工作和想法都一直深受早期和 Geoffrey 的那段對話及他與孩子工作的經驗影響。這些對話的重點在於，幫助孩子看見他們目前正在成就的，而且幾乎毫無例外的能使孩子領悟到，那些邁向成功的改變是由他們自己　手策劃的，這就如同播下了種子，使其茁壯、綻放成自我效能。

儘管還有很大的學習空間，但最近我們聽到一個學生幫助另一位低年級的孩子看見了「可能性」——他用「我們成功了」取代「我們是好學生」。孩子使用的詞彙恰恰說明，我們的努力的確改變了孩子看待自己與看待彼此的眼光。這個低年級的孩子也開始相信他們有能力創造自己想要的改變，這樣的信念幫助他們在學校適應得更好了。我目前正在和這個六歲的孩子工作，他反應很不錯，終於學會了用「成功」這個字，也正慢慢理解這個字的意思。幾天前，我開始用這個經典問句問他——「你所認識的自己是……？」想要了解他對自己的認識，覺得自己有哪些優勢與資源？可以怎麼幫忙自己？但這個問題至今仍然棘手。

旅程大都是「前進兩步，後退一步」的，但焦點解決取向打開了一個對話的空間，容許我們在裡頭為「還要再往前一步」歡呼，這對我自己、還有我的學生，都是一種釋放。

以成功與增進孩子的自我效能感來取代失敗與懲罰，這樣的理念為我們的生活注入更多快樂，也為我們學校的專業人員帶來一番新氣象。這本書讓您有機會經驗這趟旅程，我在此推薦。

Andy Tovell

推薦序

一開始接觸焦點解決短期治療（SFBT）時，便覺得簡單易懂、短期奏效的 SFBT 相當適合應用於青少年諮商或學校輔導工作。因為，具有系統觀的SFBT，其正向發展的工作態度，常可和非自願來談的青少年快速建立互動關係，而強調重視個人目標的概念，也符合青少年期待被尊重理解的人生階段。尤其，於 SFBT 輔導過程中積極探討過去成功經驗並大力讚美的方式，能正面影響青少年發展具勝任感的自我認同，不僅能覺察、發展、善用自己的優勢，還能學習更為多元彈性的焦點解決思維，並透過處理生活中的各種議題，逐步成長茁壯。

在投入推廣 SFBT 幾年後，有幸認識中大壢中林宏茂輔導主任，他相當積極支持 SFBT 應用於校園的想法，於是，在 2010 年林主任和桃園地區的高中輔導教師們，成立了臺灣焦點解決中心。這一群輔導教師在接受多年的 SFBT 訓練後，也開始支持周邊中小學輔導教師的訓練與督導。一直以來，這群夥伴都很希望能將 SFBT 思維轉化推廣至一般教師角色的應用，所以，這份動機，就成為翻譯《翻轉教室行為：新手教師的焦點解決指南》的美好開端。

易學易懂的SFBT，其立即有效性，真的能提供日理萬機的教師，擁有更高效率的帶領學生的方法以及更強賦能感的工作能量。很佩服《翻轉教室行為：新手教師的焦點解決指南》的作者 Geoffrey James。透過自身的經驗，他能全然站在一個教師的角度來撰寫這本書，也能在具體考量教師工作中諸多常見的挑戰下，將 SFBT 的理念及技巧，鑲嵌至班級經營、教學、師生互動、學生輔導的校園情境中。這本書的文筆相當淺顯易懂，案例自然生動，作者還透過許多實際的案例與對話，直接示範如何將 SFBT 這個諮商取向轉化應用於教師角色中，所以，讓在第一線的教師於閱讀後能迅速捕捉作者想要表達的重點，也容易快速轉換應用於自己的教學現場上。

再次謝謝心理出版社多年來對推廣 SFBT 的支持，並協助《翻轉教室行為：新手教師的焦點解決指南》的出版。陳湘芸、李御儂、李露芳三位譯者都是常參與焦點解決中心活動的輔導教師或心理師，在此也特別謝謝他們一直以來對焦點解決中心的協助，以及為本書的翻譯工作辛苦貢獻。除了三位譯者之外，林宏茂主任及臺灣焦點解決中心的夥伴，也參與了校對與潤稿工作，完善了此書的可讀性。

是以，相信《翻轉教室行為：新手教師的焦點解決指南》的出版對臺灣焦點解決中心夥伴而言，又是一個讓他們值得紀念並繼續鼓舞他們一同走下去的力量。也期許這本書能如作者所望，提供給新手教師更多有效的協助，並提供一個轉化 SFBT 於教師角色的有效工具，以造福更多勞苦功高的教師和充滿可能性的莘莘學子。

國立臺灣師範大學教育心理與輔導學系教授

許維素

2019 年 1 月

校閱者序

焦點解決中心由一群任教於桃園市各高中職輔導老師組成，目前設立於中大壢中輔導室。我們自 2005 年起接受許維素教授的督導，深刻感受到它帶給個案與輔導人員的力量。2010 年我們正式成立臺灣焦點解決中心，致力於推廣焦點解決取向在校園裡的各項應用，希望透過推廣訓練、諮商輔導、督導諮詢等服務，分享給有興趣學習焦點解決取向的人。

一年一度的大師工作坊裡，我們陸續邀請到 Lance、Franklin、Thorana、Heather、Macdonald、Harry 等國際級的焦點解決短期治療大師們開講。同時我們也開始辦理四天的焦點解決取向教師訓練小團體課程，目前為止已經開了十個梯次計 22 團，受訓人數達 350 人以上。

在學校教育環境中，與學生接觸頻率最多的是導師與任課老師，如果家長、老師和學生在溝通的時候，可以運用焦點解決的理念與精神，使用「焦點解決式的溝通」方式，一定會讓互動關係更好。這本書的內容提供教師們焦點解決的策略與思考方向，三位譯者都是中心的成員，翻譯的初稿也在我們通力合作下一起閱讀、討論與檢視，期待本書的出版可以讓更多教育人員喜歡焦點解決、運用焦點解決。

國立中央大學附屬中壢高中輔導室主任暨臺灣焦點解決中心主任

林宏茂

作者序

我選擇了一個有潛力轉化校園行為的取向，寫成這本給中小學教師的指南手冊，意在探究行為，使理解與實踐並進。我們會重新省思一些約定俗成的假設，也創造新的實踐路徑來改變行為。和其他領域的教學一樣，只有當你自己產生了想要學習並成為一個學習者的動機，書中所說的「希望」才會真正實現。身為老師，我了解身為學習者的你，在這趟即將展開的旅程當中，有感受到自己是「自主」、「專業」與「有所謂」的需求。我的職責就是陪你一塊兒走一程。隨著本書的開展、進入你的教室，當你一路上的嚮導及良師益友。讓我們開始吧！

第一章探索行為管理的一般面向，也介紹了焦點解決取向看待行為的觀念，並且把和行為教學有關的理論與實務串聯起來。第二章「你覺得行為是什麼？」要我們重新將行為看成學習與教學整體的面向之一，而非劃分出去成為一個待處理的問題類別。要做到這點，需要去探索我們的個人價值與信念和我們實踐行為教學之間有何關聯。

第三章「成為你能力所及最好的教師」涵蓋了班級經營計畫，結合焦點解決式教學，成為一種探究行為改變的教學取向。第四章「在實務工作中發展自信」探索有什麼會影響身為老師的你，在指導學生行為時的自信，或引導你制定計畫，以發展與加強你的實務工作。

第五章「理解行為問題」著眼於怎麼辨識出你目前所面臨的行為問題是屬於什麼類型，以及最好的問題解決路徑為何？第六章「焦點解決在學校」介紹解決式支持（solution-support）的架構，並率先落實。

第七章「談談教育學」反省了教學法上的重要概念，並將之連結到如何教出行為改變。第八章「動機和行為改變」談及如何引起改變動機，以及要如何催化學生改變行為的動機。

第九章「改變習慣、轉換想法」探索當你選擇某一種特定取向來看待學生改變行為的時候，想想你內在可能發生了什麼。

第十章「改變行為的實務工作」延續第一章到第九章的內容，提供一個實用的架構來幫助你將焦點解決運用於教學上。這一章是新知與實務的結合，加強你對「解決式支持」有更清晰、務實的理解，並能就如何運用在你的處境之中予以反思。

改變的證據

在全書中，你會不斷看到「解決式支持」在行為改變教學上有效的證據。我先以一位媽媽的來信說明這種「以實務為基礎的證據」（practice-based evidence）。信裡提到她的小兒子亞當和我一起工作的事，信中的解決式支持直接明白，也顯示這個取向具有創造有效改變的潛力，能在複雜的情境中結出成功的果實。「解決式支持」是研究、實務、教學取向應用方法加總的結果。

本書的核心是焦點解決的思維模式，以及經由「解決式支持」來將這種思維運用於實務工作之中。好消息是，身為老師的你可以從真實情境中學得這種思維與應用，這些你所閱讀到的改變，都能真正被實現。你會在第五章裡見到亞當本人。

E. Hill 致 Geoffrey James 博士

2013 年 2 月

親愛的 Geoffrey James 博士，

回覆：Adam Hill

我特意留了些時間，寫封信來說明你對我和亞當帶來的實質幫助。在你見到他之前，我們生活在愁雲慘霧之中。不是說亞當很難搞，恰恰相反，他一直是個善良、開心、聰明、很想取悅別人、友善，沒有什麼行為問題的小男生；保守的說，他可能不是頂有自信，膽子也挺小的。但是過了一段時間之後（實際上有數年之久），他在社交情境和一些看似沒什麼大不了的場合中，表現得越來越焦慮，最明顯的莫過於他拒絕離開我們的住所。這樣的焦慮對他的生活產生了嚴重的影響，尤其是上學這件事。

我難以解釋這一切——看到他蜷縮在床上啜泣、不斷的用力大口吸氣、把自己弄生病，聽他大哭說他不如死去、揚言要弄斷自己的雙腳——到底有多令我心碎。入夜時，他總是來回踱步、上樓下樓，喃喃自語道：「我明天不要去上課，我不要，不，我不會去的，明天我不要去上課，不去。」我被弄得筋疲力竭，我猜他一定更累。

我敢讓別人知道除了母親這個角色之外，我也是個小學教師嗎？我們學校有特殊教育的孩子，我要安撫他們毛躁的情緒、幫助他們管理自己的行為、幫助他們改善情緒和提升信心。我絕對不是個乾坐在一旁、一無所知的母親。我知道亞當需要更多的協助，而在我遇到您之前，我感覺只有自己一人在孤軍奮戰，非常挫敗，並為我兒子的身心健康焦急萬分。亞當的學校一直都很支持我和他，但有好幾個月的時間，我一直得和其他教育專家抗戰，他們有人說亞當和我的依附關係出了問題，有人把他看成頑皮搗怪、任性妄為的孩子。

接著，你就出現了！從我們見到你的那一刻起，我就知道我能信賴你，亞當也很清楚這一點。你跟我們說明你會做些什麼，你看待事情的角度與方向都相當新穎，所以我知道你一定能帶來一些不同。長久以來，我第一次覺得「這次一定會有效！」。你馬上就和亞當建立了親善的工作同盟（rapport），也迅速的讓他了解你並沒有期待他要怎麼樣，這立刻緩解了他的焦慮，因為，一直以來他的一切都被「放大檢視」。你也坦承你不會魔法，可是你會和我們一起想辦法改善這個狀況，這給了我們母子信心。

亞當和我從來沒有討論你和他之間都談了什麼，一來因為他記不起那些細節（我猜這正是你神奇的地方），但他總是特別期待要和你見面，這也讓我們早晨的例行公事變得輕鬆省力許多！

不僅如此，你讓我百分之百的相信你一定會幫到我兒子，因此你們見面都談了些什麼，對我就不太重要了！你們開始工作後的第一個星期變化並不顯著，但接下來的幾週，天天都有新突破。亞當越來越能理智思考，整體而言，他變得越來越平靜。你教會他一些生活的技巧，讓他理解到：焦慮會以各種方式展現，它不會自動消失，但仍然在「他的」掌握之中。

我記得很清楚，有天晚上，那個熟悉的聲音怯怯的說道：「明天有體育課。」我故作平靜的推敲道：「沒……沒有問題吧？」接著，他走向我掛在走廊牆上的課表，我默不作聲，他當著我的面指著隔天的課表，一堂、一堂（確實包含體育課），接著，他轉過身來，簡單的回應：「沒有。」我聽了差點哭出來，這對一般父母而言可能有點蠢，但他們大概不曉得，在我目睹孩子痛苦掙扎、以自身的安危要脅、哭鬧、把自己弄病、蜷成球狀、瑟縮在角落，只為了要脫離那令他難以招架的困境之後，這句「沒有」對我是多大的情緒釋放，搞不好還勝過於當時的亞當。從那一刻起，亞當就沒有再問過他是否要去上體育課了，他也不再過問要怎樣才能逃離體育課，其他課也一樣，一切都那麼自然而然。

年底是個令人屏息的時節，因為有一段漫長的聖誕連假。假期一結束，亞當就直接回學校上學！開學的第一天，我們甚至得守著門，等待門打開的那一刻。不是說亞當從此就愛上學校了，雖然他沒有興奮的跑回來，但他已經可以獨立的走進家門，幾乎每天他都帶著笑容回家，不再露出焦慮的表情或是嚷嚷著他很焦慮。他和我出門上街，雖然不特別喜歡買東西，但出門對他而言也不再是件難事。現在，我們全家都能好好睡覺了！

他的性格並沒有改變，可是他的行為舉止不同了！現在的他比較放鬆，變成一個健康的十歲孩童。他走路、說話的樣子都在在顯現出「他是滿意自己的」，而這是我們許久不見的！

他重新在心裡拾回了信念和嘗試的精神，這都是因為你的緣故。

Geoffrey，我由衷的感謝你的善良與智慧，你對我們家而言具有特殊意義，我們永誌難忘。祝福你繼續協助其他家庭，就像你對我們一樣。

Eileen Hill 及 Adam 敬上

我是怎麼辦到的？繼續讀下去你就會知道。

致謝詞

非常感謝我親愛的家人這些年來給予我的鼓勵與支持，還有 Ivor Goodson 教授帶著笑意替我開啟這扇門，以及 Evan George、Harvey Ratner 和散居各地的焦點解決夥伴們。感謝一路力挺我，並給予我諸多指教的友人 Jeremy 和 Janet Anscombe、Tim Greenhill、Colin Stanwell-Smith、Tim Taylor，還有 James Clark 和 SAGE 出版團隊，在寫作上助我一臂之力，讓我得以充分施展。

最後，我更要感謝 Steve de Shazer 和 Insoo Kim Berg，這兩位創始人慧眼獨具，引領我們在不同面向思考、著力、尋找解方，也為後世留下諸多待解的疑惑。

您可以透過我的網站 www.solution-support.co.uk 與我聯繫，任何討論焦點解決工作的機會，不論深淺廣狹，我都十分歡迎。

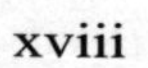

1

緒論

教室裡的行為改變：給新手教師的焦點解決簡介

閱讀這一章的內容，讓你有機會可以：

- 探索行為管理的一般性觀點
- 介紹焦點解決取向運用在行為上的概念
- 強調連結理論與實踐的重要性

我想以歐文做為本章的引子。他是一位留著平頭的 15 歲男孩，有著淺藍色的雙眼和精瘦結實的體型，因打架出了名，學校的事件報告上記錄著他激進好鬥且有易怒的問題。歐文是警局常客，被學校列入觀察名單。最近校方警告他若不停止打架並遵守規範，將會被退學，但這樣的警告似乎沒有任何效果。

而後我得知歐文的狀況，校方認為他需要接受憤怒管理課程。雖然學校向我展示一大堆記錄其缺點的事件紀錄單，但在與歐文碰面時，我暫且將那些放在一旁，因為我感興趣的是找出其他的可能。

我想要聽聽他對未來的計畫，以及對學校最大的期待是什麼。

我　：歐文，你對學校的期待是什麼呢？剩下不到一年的時間，我很好奇你最大的期待是什麼？

歐文：嗯……不被攆出學校。

這是否會讓你感到訝異？歐文一再地被告知若不約束自己的行為就會被退學，但他依舊沒做出任何改變。

我　：那麼，取而代之的會是什麼呢？

歐文：留在學校裡。

我　：對你來說，需要有什麼樣的小改變才能確保能留在學校呢？

歐文：我猜可能是停止打架吧！

我　：假設你做到了，對你何以會是有幫助的呢？

歐文：嗯，畢業後我想要從軍，所以我需要留下好的紀錄。我已經因為打架惹上麻煩，假如我又因打架被警察逮到，以後軍隊就不會錄取我。

這就是歐文的目標，以及他如何達到該目標的計畫，這讓我們有了一起工作的焦點。因此，我想知道更多關於他的成功經驗。

我　：謝謝你告訴我這些，等一下我們會再回到這個話題上。現在我想先問你比較不一樣的話題，你最擅長什麼事？你最喜歡做什麼事？

歐文提到各類運動，我請他跟我談談這部分。歐文說自己擅長英式橄欖球，因此我進一步詢問他具有哪些優勢。在對話中，他提到自己不僅身體強健、反應快，還可以綜觀場上的夥伴，在必要時迅速做出反應。他提到自己在打拳擊時也是如此。我們談到他在運動上的優勢，他兼具策略性與爆發性，並知道何時該做些什麼。

我　：讓我們回到今日會談的原因——關於你想留在學校裡。你是否有將出手之際卻沒有動手的經驗？你選擇的是策略性而非爆發性。

歐文想了想，而後詳細地告訴我確實有過一次。他提到有個朋友在他家不小心弄壞了他的東西，這讓他非常生氣。歐文很想揍這個朋友，但那天他只是轉身走回學校，而後幾天不想理他的朋友。

我　：這麼看來，當時你氣到幾乎要打他，即便局勢一觸即發，但你可以僅是轉身避開，這麼說對嗎？

歐文：對。

我　：你是怎麼做到的？

歐文：我想到如果我揍了他，可能會弄壞其他東西，然後我媽又會對我大發雷霆，所以我就直接走出去並回到學校。

我　：那麼，如果其他人向我問起了你，像是「你對歐文了解多少？」我可以告訴他們「歐文是個就算很生氣也能轉身離開的人」，這麼說對嗎？

歐文：嗯，當時是這樣啦！

我　：對，當時，我的意思正是如此。

我們談論更多歐文當時回應所展現的長處與方法，以及他對未來的期盼。在結束會談時，我給歐文一個任務：隨時隨地留意事情轉好的契機。我告訴歐文我會在一週後跟他碰面時，詢問他觀察到什麼。在接下來的幾個星期，歐文告訴我，他在校內外成功為自身行為做了選擇，我們在歷時五週、每週一次的碰面後結束會談。

接下來發生了什麼？一年後，我在學校確認了歐文的進展，歐文自我們第一次碰面後未曾打過架，他完成考試並避開麻煩。畢業後，歐文申請加入軍隊並順利成為新兵。

是什麼改變歐文的行為並讓其美夢成真？在我們短暫合作的期間，沒有任何獎懲，也沒有任何外界的建議或指導，是歐文自己做出關鍵性的改變。我們以探問取代過往採用的外在控制和權威，歐文的改變及之後的成就都是他自己做到的。學校系統並未更動，這完全是歐文自己實踐的成果，我和學校所做的僅是對歐文的進展給予正向回應。

這是一個解決式支持（solution-support）運用在真實關鍵情況下的實際案例，也是焦點解決取向在學校裡改變行為的實際案例。這正是本書的主題。

行為之學

本書是寫給身為新手教師的你。提供一個能讓你靜下來思索行為的空間，好讓身為教師的你有機會在行動前省思：「什麼是行為？我們可以做些什麼？以及我們何以這麼做？」我將提供你一個嶄新的觀點，一個在學校中改變行為的新方法，讓你在具創造性的職涯階段中，透過深入淺出的方法來建構你的專業技能。身為實務現場的教師，你需要的是簡單可行、跳脫制式框架且具有高度實用性的方法，而解決式支持正是一個深植於實務而非理論的取向。此取向是在「解決複雜行為問題時探尋什麼是有效的」過程中發展出來的，是基於實務證據的成果。

我自 1994 年接受師資培訓。在開始我的學士後教育學程（Postgraduate Certificate in Education, PGCE）之前，我和有著複雜行為困擾的對象一同工作了 15 年，和我修習相同課程的其他夥伴也有許多相似的經驗。我們當中的一群人選修了一門特殊教育課程，期望學到新事物並落實在教學中。儘管課程涵蓋了學習困難，卻未提及行為，這令我們感到失望。在我的實習學校，身為一位新手教師的我，僅能用有限的知識內容和自身經驗，來竭盡所能做到最好。顯而易見的是，讚美和獎懲一直是學校裡不容質疑的行為管理方法，身為一位教師，我不得不遵循學校的行為政策。

直到現在，學校教育似乎都沒有太大的改變。英國《泰晤士報教育副刊》的行為專家（目前是英國教育部的要角）在 2010 年針對新手教師提出以下的建議：儘管教室裡多數學生皆表現良好，但「那些少數不守規矩的學生仍需要被留察、懲處、約談與隔離」（Bennett, 2010）。英國政府在 2013 年給新手教師的行為訓練官方指南中恰好為此現況下了結論：為了提升行為管理的信心與威信，實習教師必須了解一般行為管理的模式與技巧，運用這些模式與技巧是每位教師的職責。強調實習教師要巡視班級並與學生有眼神接觸，才能在班級中立下威權。此番論述沿襲傳統教師對學生使用獎勵與懲處、威權與控制以及懲戒等傳統路線。在點出傳統智慧的最後兩句中，簡要談及這些理論知識凸顯了截然不同的面向：實習教師必須了解科學研究與發展，以及這些研究與發展如何應用在理解、管理和改變行為上（DfE, 2012）。這本書將會帶領你進入行為改變的領域。

儘管這 20 年來有大量的研究與發展在探討行為，但大都是其他領域，而非教育人員或學校教師所發表。依循著舊有的模式，學生持續被增強、管控、懲罰，某些像歐文一樣具有行為問題的孩子仍舊在校園中載浮載沉。

我先後擔任主流及特殊學校的老師、學生轉介窗口以及行為支持教師，擁有關於獎懲運用在改變學生行為問題以避免學生邊緣化之限制的第一手證據。我探詢其他可能，在堅持不懈與好運下，總算發現我在尋覓的是研究發展的成果，而非行為專家既定的想像。

從問題邁向解決

在我開始尋覓的20年前，就有人針對人們所遭遇的問題進行新取向的探究，原來那正是我所渴求的。基於工作需要，2000 年我在某個鄉公所參加了針對行為的焦點解決取向運用一日義務訓練。在那之前，我未曾聽聞過此取向，但那天的所見所聞引起我很大的共鳴。

對許多人來說，保持正向與活力，擁有希望、夢想以及實現可達成的計畫等，是日常生活中很自然的價值傾向，這正是解決式支持的核心！將此思維以結構化的方法應用於校園中的行為，並非僅是傳統行為取向的調整，而是本質上的典範轉移，也正是這樣的典範轉移引導我走向嶄新的方向。

我申請四天的訓練課程，向外募資並重新開始。

受訓後帶著課程的筆記再度回到工作崗位，我將焦點解決取向落實於我的工作中。持續聚焦在學生的資源、成功與希望，並完全浸淫在此取向裡，可以取得巨大的進展。簡單來說，學生的行為出現可預期且快速的轉變。這使我致力於當個好老師，而非勉強自己嘗試成為人類行為的專家。接觸這個取向後，我開始有信心，相信自己可以改變些什麼。

我訓練其他老師，並透過固定聚會分享我們在工作中的狀況，討論我們的成功與壓力，並且規劃各種進展。解決式支持可用於處理學生遭逢與克服困境時諸多複雜且多元的需求，以此做為促使行為改變的方法變得越來越有成效。

反思

本章開頭的案例是關於我與在校遭遇困難學生的工作經驗，與本書裡的其他個案一樣皆是真實案例，以實務為基礎，不僅使人對特殊的實踐有深刻的理解，從某一脈絡與某一執業者到其他脈絡與其他執業者也是類化的一種可能形式。Simons 等人（2003）稱此為「處境上的類化」（situated generalization），以區辨其與廣義類化的差異，這種「處境上的類化」通常與實務基礎練習有關。

案例不該因其主觀性而被視為不重要的軼聞趣事，反而應被視為某個不易研究的珍貴素材。正因為我們分享這些實務經驗並自案例中獲取意義，這樣的理解對身為教師的我們才格外重要！案例做為研究的一種形式，其價值並不亞於有控制組與對照組的實驗研究，以及龐大樣本的實證主義科學研究。

我希望這些案例能與你的教學經驗產生共鳴，使你更貼近對焦點解決取向的理解以改變行為。請你仔細閱讀這些案例，並且留意什麼部分引發你的好奇，此番好奇正是焦點解決實務工作上一項重要的原則。在你認識這些案例中的學生時，請試著找出屬於你所認為的重點。在最後一章，將會提供關於架構的簡要描述，好讓你能運用在你的教學現場。

在教室中讓自己保持冷靜

目前有很多關於行為管理的忠告與指導，也有許多經專家認可的重要策略。著名作家們認同教師具備積極觀點的重要性，以及教師對學生行為與自身健康和幸福的影響（Rogers, 2011）。某些書簡要談及焦點解決取向

（Roffey, 2011），卻僅是將其視為運用在問題焦點（problem-focused）行為管理的一種做法，但鮮少談及「焦點解決」和「問題焦點」兩者在方法上與結果上的差異。許多書籍充斥快速、簡易又有效的技術以供教師們使用，但你還是得以自身的情況揀選出哪些才是真的適合自己。身為一位新手教師，需要在教室內外扮演多元角色，什麼樣的取向與策略會與你的觀點相契合呢？

本書將會協助你回答此一問題，以利於你的實習和你的學生。身為教師，你被寄予厚望成為一位值得信任的領導者，與學生保持良好的關係，並在需要時能提供學生協助與支持；身為教室管理者，你運用方法和程序好讓班級能順利運作；身為問題解決者，在你面對成功與處理挫折的過程中，提供學生一個可以遵循的道德楷模；身為課程管理者，你選擇適當的教學方法使你的教學與學習目標相契合。在工作中你處理上述這些面向的方法、在實習過程中的問題，以及你所提出的答案，皆會影響學生的行為。

反思

- 對你而言，班級經營是什麼意思？
- 對你而言，行為是什麼意思？你認為你應該做什麼？

教出好行為

思索我們自身的信念及其重要性將有助於洞察他人對行為所抱持的信念與價值觀，以及他人如何處理事情的看法。此番思索是值得的，因為它影響了我們成為教師的過程，讓你在實習過程中對行為與決策感興趣。舉例來說，曾任英國總督察的 Michael Wilshaw 爵士近來在談論行為時曾說「這並非難事」（*Guardian*, 2014），他概述應該做些什麼，談及導師對難以管束的學生的態度過於軟弱，認為學校要祭出鐵腕處理失序的情況。你怎麼看待這番言論背後的價值觀和信念呢？此番思維是否與你的思維相契合？

當我開始教書時，我必須假設我對行為所知道的一切足以讓我勉強應付過去。我受聘成為中學自然科教師，必須盡我所能的教授科目並管理學生行為。在我開始教學時，身為一位代課教師，從我進入教室的第一分鐘起，學生的行為即是個問題，因為代課老師只會在該校待上一週，並在週五離開，學生們並不認識我，我也只是他們看過眾多面孔中的其中一位。我試圖讓30位13歲的學生在點名時有所回應，而他們早已習慣與代課老師們開玩笑。在處理他們的行為時，我的信念與價值觀是什麼？當這些學生在每天早上點名時故意張冠李戴亂回應時，我打算怎麼處理這樣的行為與紀律，並與這些學生建立關係呢？

站在講台上

站在教室前面，保持呼吸平穩並注意望著你的熱切臉龐。在你與學生交談前，你對學生們了解多少？你可以盡其所能的想像，場景可能是教室裡多數的學生都很愉快；他們在學習與成長的過程中是快樂的；他們知道身為一位學生該怎麼做且竭力去達成；你與學生們多數時候相處是融洽的，學生的學習以及維持其學習的行為結合得天衣無縫。

但也可能有一兩位學生中斷了你流暢的教學過程，你知道這些學生盡力了，但有時就是會發生某些事情讓他們分心。請檢視你的想法，你是否相信所有學生都試圖讓自己變好只是有些犯了錯？或是你相信部分學生盡了最大的努力，而部分的學生剛好相反？你所相信的是否為真，這重要嗎？事實證明這確實很重要！你的信念會產生極大不同的結果。

低程度的干擾對學習確實有負面影響，教師處理此問題的同時還要提升教學，這將會耗盡教師的心力。英國教育暨兒童服務與技能標準局[1]

---

1 英國教育暨兒童服務與技能標準局（Office for Standards in Education, Children's Services and Skills，簡稱 Ofsted），是英國政府的一個部門，負責督察視導各級州立及部分獨立學校、幼兒園、收養及寄養機構，並且負責初級師資培訓及訂立兒童社會關懷服務章則。

（Ofsted, 2014）描述低程度的干擾行為包括聊天、大聲喊叫、遲遲不肯開始、不尊重以及未攜帶正確的用具。在小學有33 %至50 %的教師表示，主要的干擾行為包括大聲喊叫、干擾其他同學和玩弄設備；在國中有 25 %至 33 %的教師提到主要的問題是不做作業、沒有攜帶正確的用具以及使用手機。在所有接受調查的教師裡，有 33 %提及他們從未接受如何管理學生擾亂行為的訓練，其餘的 66 %則未提及他們接受過什麼類型與程度的訓練。

Ofsted（2014）所描述的多數問題和班級管理有關。當一位教師訂出明確的班級常規，歸併成簡單的規則後，這成就了良好的班級管理。至於尊重與關係的問題比較特別，因為它們並非由規則所決定，而是受到教師的領導風格所影響，源於教師的信念與價值觀。多數的學生因為循規蹈矩以及歸屬感而讓人放心（循規蹈矩以及歸屬感與良好的班級管理有關），有些學生則需要不時地提醒要守規矩。極少數的學生會去衝撞界線，他們需要更多的協助。你會為這些少數學生做點什麼呢？你覺得他們需要的是更多的控制與規則，還是其他不一樣的東西？

從何處開始？

在進到班級之前，你腦中會有許多要做的事情，包括維持有效的氣氛以及避免干擾。你必須訂定計畫，但要從何處開始才是最好的呢？

Marzano 等人（2003）證實下面這個普遍的觀點，認為成功的教學奠基於良好的班級經營。避免教學受干擾的四個主要因素如下：

1. 教師的心態
2. 紀律的介入
3. 師生的關係
4. 規則與程序

考慮上述四點的相對重要性，以「教師的心態」因素做為開端是合理的。因為一位教師的價值觀與信念會形成其實務工作的基本要素，且對產生良好的班級行為具有重大的影響。

行為管理：是被迫選擇？或是知情決定？

請你仔細想想以下的問題：

- 教師應抱持什麼信念與價值觀來預防干擾行為？
- 你的信念與價值觀是什麼？
- 你相信自己應該行使職權並以高姿態去管理學生嗎？
- 對你而言，同理理解力較差的學生是重要的嗎？
- 你認為你必須總是保持樂觀嗎？
- 你認為成為悲觀者好讓自己不再感到失望是最好的嗎？

身為教師，你的價值觀與信念有助於建構你的心態，並提供你落實運用的動力。你的心態決定了你對行為問題等這類特殊情況的預設反應，這使你能自動回應事件，無須深思熟慮即可做決定。這是一種思維習慣。你如何決定該怎麼做呢？

身為新手教師，你必須決定採取什麼取向來處理學生在教室裡的行為。但這並非能全然自主選擇，因為有許多外在因素需要考量，像是學校的組織態度以及行為政策，但只要合於該規範，你就可以在專業上自由行事。隨著時間的累積，你會因個人經驗的增加而形成更多或更少關於行為的信念，包括那是什麼信念以及你要如何達成它。這些信念會塑造你對行為的個人心態，但是，你的一般經驗是你身為教師在專業訓練上的最佳準則嗎？為了理性判斷是否重新思考你所採取的心態，你需要好好理解針對課堂行為採取不同方法會有的可能結果。

你認為一位教師如果太嚴厲、或太軟弱、或恰到好處，會發生什麼事？教師針對行為所採取的態度，在一開始很大程度取決於個人的選擇，但隨著時間的推移，當心態或是習慣越來越成熟時，其態度也會變得更為堅定。而學校採取的態度也同樣根植於習慣。儘管有大量的報告指出，僵化控制或過度鬆散的態度這兩極端在教育與社會上的影響，但學校的組織習慣仍可能深深嵌入以抵抗爭議與改變，而個別教師的思維習慣也很可能是如此。

專業人員之間長期存在著眾所皆知的競爭，各自堅持自身立場，而不是在個人與機構的判斷中取得平衡。那些抱持傳統的「控制－權威心態」（control-and-authority mindset）的人可能會聲稱孩子們是被「同理－滋養心態」（empathize-and-nurture mindset）所寵壞了，但，支持此番言論以及證明有必要改變心態的證據又在哪兒呢？

更好或是更糟的心態

心態的好處是有助於簡潔迅速地解決特定類型的問題，但假如問題被錯誤歸類，這可能會嚴重干擾問題解決的過程，導致一錯再錯的情況，甚至找不到問題的解決之道。人們常以特定方式來回應特定類型的問題，卻沒有去判斷這是否是最好的方法，甚至沒有去思索這麼做是否有效。顯而易見的是，心態並非中性的問題解決工具，因為它的性質及其本身具有很大的影響力。

Dweck 的《心態致勝》（*Mindset*）（天下文化，2017）這本書已引起大眾對心態這個概念的關注。她在其研究中下了結論，認為人們的心態可分成定型心態（fixed mindsct）和成長心態（growth mindset），且可以經由教導從某一種心態轉變至另一種心態。心態是心裡想像的產物，因此，你可以改變你的想法，同樣地你就可以改變你的心態。

抱持「定型心態」的教師視行為問題為阻礙，認為學生的資源有限且需要外在動機以促其改變；而抱持「成長心態」的教師則視行為問題為挑戰，這樣的挑戰蘊含改變的契機，不用去修復阻礙，學生天生就具有激勵自我學習與成長的潛能。教師和學生皆可以改變他們的心態。學生們將會以老師的信念及相關行為做為其信念與行為的典範。

抱持「成長心態」的學生在面對困難時，會更加努力克服挑戰，並且能享受挑戰帶來的樂趣，不會像抱持「定型心態」的學生選擇放棄或逃避困難。我們會期望自己的學生將來發展出哪種心態呢？

到目前為止，關於是否贊同以嚴懲、外在紀律與威權來控制學生，或是採取截然不同的取向，以溫和的同理相信學生自我激勵必有進展，這樣的抉擇全然是基於既有的心態。乍看之下，抱持定型心態的教師在針對行為採取傳統權威的方式時，會期待學生能具備成長心態以回應老師的行動，本書將會探究此似是而非的悖論。

成功的教學

「將學生排除在外」被當作是一種策略性的行為管理歷程。根據估計，英國在1998年約有10萬名學生處在有限期退學的狀態，有13,000名學生則是被永久退學（Social Exclusion Unit, 1998）。在2011學年最新的數據中，約30萬名有限期退學的學生，其中並未含括在學校內部非官方或非正式資料。根據報導指出，近幾年每年皆有超過5,000名的學生被永久退學。更確切地說，2010和2011兩個學年度分別有324,110位和304,370位學生有限期地被排除在學校外，被永久退學的學生則分別是 5,080 人和 5,170 人（DfE, 2013）。

面對這些龐大的數據，退學欠缺教育上的正當理由。如果期待藉此改變行為，這不僅不符合行為主義所認定「一致且立即」的懲罰標準，且通常難以評估各類排除或退學的學習效果。理論上，自同儕團體中剔除一位學生的這種剝奪可能會造成該學生態度的改變，就算剔除的時間僅是一個週末或一段假期也一樣。許多學校紛紛轉為校園內部的排除，這同樣欠缺正當的教育意涵。

「將學生排除在外」也是個有問題的做法，因為除了最嚴重的特例，一再重複有限期退學往往是證明該生永久退學的先決條件，「該學生會對其他人造成不利學習的影響」常被當作是永久退學的理由。永久退學一位讓人費心的學生可能會有效解決一所學校的問題，並且能符合該校的行為政策，但有其利必有其弊。許多永久退學的學生在往後的人生遭遇了嚴重的問題（Powis et al., 1998）。永久退學還必須付出經濟代價，因為被退學的學生入獄的比例明顯過高，英國2015年在青少年罪犯機構中的花費高達65,000 英鎊。退學看似解決一個問題，實際上卻衍生出其他問題，它不過是將行為管理的責任從某一機構轉移至另一個機構。

定義行為

在教育情境中談到行為，像是「他的學習是好的，是他的行為拖垮了他」，通常指的都是不良行為。行為管理被認定是策略的應用，用於使學生了解其不良行為的後果即是懲罰，以及改變其不良行為即可避免不愉快的懲罰。這麼說來，懲罰已被視為教導良好行為的一種手段。

懲罰是一種心理概念，它源於操作制約理論，在 20 世紀運用至教育領域。心理學家或許能清楚的理解懲罰在引發行為改變上的作用，但教師們卻對其有很多的誤解。懲罰在心理學上的定義是「在行為之後採取能降低行為再次發生的行動」，為了有效實施懲罰，必須準確的描述目標行為，才能在懲罰與行為之間建立因果關係。假若無法確切知道現存的行為是什麼，就無法評估懲罰對行為的效果為何。然而，心理學是一門實驗科學，卻不是教學。

回到教育情境，因為懲罰會讓人感到不悅，那或許能幫助學生了解**不**應該做哪些事，卻無法引導學生**理解**究竟該怎麼做才對。在任何情況下，懲罰所造成的行為改變是一時的，當懲罰結束後，原本不受歡迎的行為通常又會再次出現。

B. F. Skinner（1904-1990）在上個世紀的實驗中，藉由獎賞和懲罰制約實驗動物發展出「行為改變技術」（Behavior Modification）的概念。他針對人類提出了警告：必須權衡源自懲罰的短期行為效益以及長期潛在的不利影響，像是侵略性和反社會行為。

今日行為改變技術仍活躍於校園裡，心理學理論持續驅動著教育實踐。但就教學法來看行為的改變，行為**教學**卻不怎麼明顯。為了實現教育目標，多年來我的工作與研究致力於教學法的使用，而非實驗心理學的方法。當學生在數學或音樂上有所成就時，關注學生如何藉由學習新東西在行為上造成改變。我已改變和發展出屬於自己的作法，運用教學法來改變行為。在此將這些呈現給你們，並希望你們也能這麼做。

來自實務的證據

如果你已在空中建築樓閣，你的付出不可白費，那即是樓閣所在之處，現在就在樓閣之下奠定基礎吧！

——美國作家／哲學家 Henry David Thoreau（1995[1854]）

基於以實務為基礎的證據是本書的核心。證據有各種不同的形式（像是質性證據和量化證據，或是來自案例的證據和來自隨機分配受控制的實驗證據），因其具有不同的優勢與目的，因而無法直接拿來相互比較。在本書你將讀到許多案例，這些案例並非是用來分析的客觀證據，而是讓你深入了解焦點解決取向在改變行為的作法。在你閱讀這些案例時，請你記得以下幾個不變的原則：

- 在我第一次見到學生之前，他們已經經歷問題焦點取向。
- 焦點解決的探問架構是一致的（這將會在第 10 章做詳盡的說明）。
- 在每個案例裡皆由我對學生提供解決式支持。
- 此作法無須任何額外的改變。參與解決式支持方案的學生照常受到學校政策的規範；教師及家庭成員身為解決式支持工作的一分子，也無須採取任何具體行動。

我期望在每一章提供這些案例，能與你的成長經驗產生共鳴，且能使你更接近焦點解決的工作方式。請你仔細閱讀，在讀到與你相關的部分時，可試著描繪出屬於你個人的意義。

你可以運用這些實證，並且繼續實踐解決式支持。隨著個人經驗的累積，你會與理論產生連結，這需要你自行動中找出意義。當你練習後，你會對「無須談論問題即可解決問題」變得更有自信。當你面臨自身、或學生、或其他人複雜的問題時，從實踐邁向理論是對焦點解決思考與支持的成效發展出信心的一種方式。當你省思你在一般教學以及特殊行為教學的經驗時，此理論將有助於你在實踐上更進一步的發展。

在教育中串聯實務及理論

身為一位教師，打從我在特殊學校擔任老師的第一天起，直到寫出這本書，我已走過漫漫長路。我的起步始於探尋有關行為的教育研究和以實證為基礎的教育運用，我攻讀了教育碩士學位以及特殊教育需求專科文憑，接著又進行了博士研究。

身為一位訓練有素的自然科學家，我正朝向一個截然不同的主體世界邁進，而最關鍵的影響是我的博士指導教授 Ivor Goodson。在其教育生涯裡，他一直深入探究及撰寫教學法與改變的可能性。他清楚知道學生與其學習之間的連結，他這麼說道：

> 唯有教師讓孩子們獲得「行動知識」，學習才可能發生。當傳播教育學先發制人，一種另類的教學法將提供學生這樣的機會。傳統主義者不得不承認，將個別學生置於中心位置以定義知識方法，這不僅具有心理學的依據，也具有邏輯依據。所有主題皆源於最初嘗試解決問題，此知識創造的單一過程應該成為教育學的焦點，而非強調其差異化產物的傳播。（Goodson, 2013）

Goodson 等人（2010）研究人們的學習及其在世界中的行動這些案例之間的關係，證實了內在對話是教師學習地圖的核心，理解其在世界上的所處位置，也支持了我在此書中運用案例帶給你的幫助。

你自身的內在對話和你的實踐描繪出你的信念與價值觀，這將會幫助你在教學世界中找到自身的定位。當你在閱讀本書中我的實踐案例時，請你記得想想：「這是真的嗎？」並以此檢視與理論的關聯。畢竟這個問題是所有證據判斷的核心，也是我們案例真實性的核心。

本書所有案例皆是真實事件的描述，在所有易被辨認身分的案例中，我會在必要之處有所改寫以保持匿名，並在案例的開端註記此點。

參考文獻

Bennett, T. (2010) 'Behaviour: How to deal with challenging pupils'. Available at: http://newteachers.tes.co.uk/content/behaviour-how-deal-challenging-pupils (accessed 10 April 2015).

Department for Education (DfE) (2012) 'Improving teacher training for behaviour'. Available at: www.gov.uk/government/publications/improving-teacher-training-for-behaviour (accessed 10 April 2015).

Department for Education (DfE) (2013) 'Statistics: Exclusions'. Available at: www.gov.uk/government/collections/statistics-exclusions (accessed 10 April 2015).

Dweck, C. S. (2006) *Mindset: The New Psychology of Success*. New York: Random House.

Goodson, I. F. (2013) 'Learning, curriculum and life politics: The selected works of Ivor F. Goodson'. Available at: www.ivorgoodson.com/towards-an-alternative-pedagogy (accessed 10 April 2015).

Goodson, I. F., Biesta, G., Tedder, M. and Adair, N. (2010) *Narrative Learning*. Abingdon: Routledge.

Guardian (2014) 'Headteachers too soft on unruly pupils, says Ofsted chief Sir Michael Wilshaw', 25 September. Available at: www.theguardian.com/education/2014/sep/25/headteachers-too-soft-unruly-pupils-ofsted-chief-sir-michael-wilshaw (accessed 10 April 2015).

Marzano, R. J., Marzano, J. S. and Pickering, D. (2003) *Classroom Management that Works: Research-Based Strategies for Every Teacher*. Alexandria, VA: ASCD.

Ofsted (2014) 'Below the radar: Low-level disruption in the country's classrooms'. Available at: www.gov.uk/government/publications/below-the-radar-low-level-disruption-in-the-countrys-classrooms (accessed 10 April 2015).

Powis, B., Griffiths, P., Gossop, M., Lloyd, C. and Strang, J. (1998) 'Drug use and offending behaviour among young people excluded from school', *Drugs: Education, Prevention and Policy*, 5 (3): 245–56.

Roffey, S. (2011) *The New Teacher's Survival Guide to Behaviour*, 2nd edn. London: SAGE.

Rogers, B. (2011) *Classroom Behaviour*, 3rd edn. London: SAGE.

Simons, H., Kushner, S., Jones, K. and James, D. (2003) 'From evidence-based practice to practice-based evidence: The idea of situated generalization', *Research Papers in Education*, 18 (4): 347–64.

Social Exclusion Unit (1998) *Truancy and Social Exclusion*. London: The Stationery Office.

Thoreau, H. D. (1995 [1854]) *Walden: Or, Life in the Woods*. New York: Dover Publications.

2 你覺得行為是什麼？

閱讀這一章的內容，讓你有機會可以：

- 不再將「行為」劃分於教學之外，當成有待處理的問題；而是視之為整體學習的一部分，是可以藉由教學來予以支持的
- 探索在實務工作中，你的個人價值與信念和「行為」這個主題之間的關聯

想一想行為這回事

你對以下四句話有何想法？

1. 行為和學習是一體的，在課堂中不需要將它們區分開來。

行為和學習是成長的兩個整合起來的面向，孩子與青少年嘗試理解他們的生活世界，並透過行為表現將其理解到的事情表達出來。教學的目標是改變青少年與兒童的心智，增加他們的知識量和行為表現的廣度，發展並強化他們正面積極的思維模式。

2. 雖然表面上有時候看不出來，但學生們其實都已經盡其所能的在學習。

一個行為表現惡劣的學生，還是可能有想把事情做好的自發性動機，

他的失誤表示需要老師給予他穩定、正向、具有教育性的帶領及輔導，繼續加強那些已有助於學校適應的事項。

3. 班級經營和教學中關於教學法的部分是老師的責任。積極學習、行為、行為改變則是一個有自發動機的學生該負起的責任。

老師打造出可能的最佳環境，有賴於學生善用這樣的環境來學習、工作，把問題視為有趣的挑戰。

4. 有些學生的需求超出了老師的專業能力，此時對學生最有利的作法，可能是轉介給其他專業人員。

即便有好的班級經營、機智的教學及支援，學生仍然未必能在班級參與、課堂學習和學業成就上達到期盼的改變。遇到這種情況時，老師若能辨識出他們的需求，並引入更多的支援，會為學生帶來最佳利益。

反思

- 哪些是你同意的？為何同意？為何不同意？
- 紀律的概念放在這個脈絡中適用嗎？
- 當學生遇到挑戰時，為何在他們的自發動機上開拓資源是重要的？

針對行為，你可以做些什麼？

學習顯然受到學生行為的影響，老師要盡其所能來降低任何不利的影響。Ofsted 在 2014 年的報告中指出，老師最常面臨的行為問題是低程度的干擾，如：大呼小叫、心不在焉、在課堂上分心做其他事。

大體上，大家對於老師可以用哪些策略來預防課堂出現低程度干擾是有共識的，許多行為管理書籍中都有提及。常見策略摘要如下：

1. 盡早讓學生對課程產生參與感。
2. 藉著與真實世界產生連結，幫助他們明白學習的實質意義。
3. 藉由分享學習目標，使該課程有清晰的目的。
4. 鼓勵學生積極參與。
5. 向學生提問，並請他們自我評估學習進展。
6. 全程維持課程的步調和動能。
7. 重申課程的目的並給予正向回饋。

焦點解決取向奠基於哪些信念？

一言以蔽之，這個學習取向就是「好的教學」。我們可以將老師視為學習的領導者，將學生看作是班級團隊的成員。由老師做好所有必需的計畫與連結，待學生準備好後，大家一起投入、為團隊工作努力、比肩合作。學生會自發的想要去參與、反思及自我評估；他們是主動的學習者，善用接收到的回饋來重新聚焦著力的方向。好學生會把這些優勢和資源帶入課堂中，不用老師為他們打點。

我們並不建議使用任何方法去消除或糾正不好的行為。原則上，若能落實上述論點，學生就會表現出有助於學習的行為。然而，在實務工作裡，因為其他因素干擾，這個原則有時會失靈！

老師著手將課堂打造成最佳的學習環境：學生在A活動中需要分組討論，在B活動中則要轉換模式，安靜專注於個人作業。學生在不斷變換的環境之中，像是從午休到語音學、從家裡到高級數學，必須得了解自己身在何處、被預期怎麼表現。老師的任務是：保持程序和界線的一致性，讓事情簡單化，以幫助學生釐清他們面臨的期許和該負的責任（Rogers, 2011: 37-9）。

有了這樣的課堂環境，加上老師對學生的能耐與資源有信心，學生大都能將知與行整合為一，並把課堂行為連結到學科（地理、數學等）及交友等面向的學習。假若班級經營與教學皆一致而完備，卻依然無法帶出能裨益教學與學習效能的行為，那麼該怎麼辦呢？一旦涉及有關學生的事，信念與價值可能始終如一嗎？當遇上不被期待的行為時，切換成另一種心態，是否在所難免？

Ofsted現任局長、同時也是校園總督察的Michael Wilshaw爵士[1]，將干擾性行為視作嚴重的問題，他認為老師得展現出權威，堅定的匡正這類行為（Wilshaw, 2014）。他認為那些「異端分子」——浪蕩少年傑克（Jack the Lad）、搞怪少女莎莉（Sally Showoff）[2]顯然已經對循規蹈矩的好學生帶來「負面影響」。他建議要予以制裁，絕不能讓這些人「逍遙法外」。

反思

- Wilshaw這番話的背後是什麼樣的心態呢？
- 這種對學生的分類是出自於什麼樣的信念？比較一下這樣的價值觀和本章一開始揭櫫的價值觀有何不同？

外來控制的需要

紀律在學校向來被視為好東西。當規範被破壞時，施展紀律是約定俗成的作法。在後面的章節中我會談到，**在較不嚴重的情況下**，可以用一些外來制約來強調界線、循循善誘適當的行為。當你撞見學生在「禁止奔跑」的走廊上呼嘯而過，你會把他叫回來，最好是直呼他的名字（如果知道的話），提醒他學校的規定、何以用走的比較安全。若學生開始跟你解釋為何他非得用跑的，可能是午餐快要遲到之類的，你會用心聆聽，口頭表示理解他的初衷，再次提醒他學校的規矩，感謝他在聽到你叫住他時有留步、且專心聽你說話，然後陪這孩子走上一程。你會發現這種匡正錯誤

1 Michael Wilshaw爵士的局長兼總督察的任期至2016年12月底。

2 英文中的Jack the Lad指的是放蕩不羈、膽大包天、喜歡飲酒作樂、和女性調情的年輕男性，傑克（Jack）為這類男性的代號；Sally Showoff則是指那些打扮花枝招展、喜歡引人注目、言行放浪的年輕女孩，以莎莉（Sally）代表這樣的女性。

的方式是屬於「規範本位」，這類教導式的回應，很類似我們在指正算術或拼音錯誤時會採取的作法。

傑克和莎莉的情況比較複雜，顯然需要外來紀律來改正他們的行為，防止他們妨礙他人的學習機會。Wilshaw（2014）的說法指出了當我們遇到像「傑克」和「莎莉」這種學生時經常秉持的信念。他們即使被安排在經營最優的班級裡，依然會不停的干擾他人與課堂。難道一定要用異於同儕的差別待遇、施予處罰或管控，才能使他們學乖？要是連這都不管用呢？

當外來控制和權威無法嚇阻這群擾人學生搗蛋，而他們的行為又無法用任何疾病來解釋時，表現得更強硬、更權威、更加重處罰，似乎成了唯一的選項，如果依照行為管理的途徑，他們在不斷加劇的懲罰下依然不為所動，最後就只好被學校開除了。

當紀律變身為懲罰，並用於那些**比較嚴重的情況中**，不僅不管用，甚至可能會對傑克、莎莉這樣的學生造成一些意料之外的後果。一般來說，驅離他們或許對班上同學和學校而言有好處，可以保障其他學生的學習免於干擾，這是個合理的藉口。但這些學生被永久排除於學校之外，極有可能就此失去接受完整教育的機會，他們所承擔的傷害卻被我們心照不宣的視為用以保全多數人利益的必要之惡（Gazeley et al., 2013）。身為老師的我們，應該幫這些學生做些什麼呢？

典範的轉移

你不會在一堂課開始之初質問一個學生**為什麼**她準備好課本文具的動作比隔壁的同學慢，因為這無助於課堂即時展開。問「為什麼」不僅不重要，還會分散你的注意力。你不如接納她目前的所作所為，默默稱讚全班同學遵守你曠時費力制定的程序，比如說：「我注意到，大家今早的動作都很快！」

不要去想**什麼**不對勁，或是**為什麼**不對勁，你可以跟自己說：「她已經盡力了，只是她今天的最佳狀態剛好比平日慢一些而已。」在全體同學面前讓她知道，你認為她已經全力以赴了！這會有助於她了解，身為你班上的一分子，她在你心中的位置。

在你過去所受的訓練中，你可能已經聽過我前述的提議，用以提升課堂中的期待行為；可能你早已知道，給學生「足夠的時間」與「等待」來回應你的提問或指示是很重要的（Rogers, 2006）。我們相信，老師一旦知道什麼是該做的，馬上就能落實這些「事實性知識」（factual knowledge）。

然而諸多研究顯示，老師可以經由獲取新知來鬆動對教學的**看法**，而不用去改變課堂上實際的**作法**。經由「教師個人教練」（individual coaching of teachers）和「打造學習社群」（forming learning communities）這兩條路徑，可望帶動教學實務現場的改變 （Wiliam, 2008）。對我而言，這是個至關重要的議題。因為我希望，讀者在閱讀這本書後可以開始對行為有不一樣的**思考**，並能回饋在**實務**上的調整。在後面的章節中，我會再回來討論「教練」與「社群」的相關議題。

因果關係

擬定的行為改變計畫受阻時，我們很自然會想問學生**為什麼**他們要把事情弄成這副德性？這其實反映了一種因果式的科學思維（cause/effect science），企圖找到該行為的成因，以便提出改善的方法。假設你在遊戲區看到一個男孩對另一個男孩動粗，你可能會預設動粗的孩子知道自己**為什麼**這麼做，所以你會本能的叫他過來、問個明白。在我的經驗裡，孩子或許會試著幫你找到原因，但他們通常也不太清楚自己何以這麼做。探問為什麼對你效益不大！

必要的話，你可以自己做個實驗。當你表現出有別於自己一貫的作風時，問問自己「**我為什麼這樣做**」。我保證答案絕非三言兩語可以概括。一旦你開始找尋原因何在，你會發現你的行為和孩子在學校的表現一樣，總是受到各種盤根錯節的因素所影響，差別只在孩子沒有你這般追本溯源的工夫罷了！面臨複雜的行為問題時，想要靠著把因和果串在一塊兒來解決問題，幾乎是不太可能的。行為可以追溯到各式各樣可能的成因，有些是當事人可以感知的，有些則否，而這些因素不僅互相關聯，且難以確定。

反思

- 當企圖達到的學習目標充滿不確定性時，什麼樣的教學取向才適切呢？
- 什麼樣的教學可以形象化的呈現出適切的目標，並一路追蹤其進展，同時還能啟動新的學習？
- 你的教學法是奠基於什麼樣的心態與思維？

答案就在問題之中。用「問問題」（questions）取代「下指導棋」（directions）就是開始探究了！如同所有教學法取向，探問必須是有結構的。解決式支持（solution-support）給了探究一套簡明、有連貫性的結構。我的目的和 Wiliam（2008）所提倡的並無二致，都是希望提供充足的資訊來幫助你確認自己目前的心態、做出改變，並給予足夠的支持讓你得以將思考付諸實行。

探究？

本書討論的範疇不包括巨細靡遺的檢視教學法。教學法關乎許多重要問題，像是學習到底是一種生物性功能（天生），還是環境使然（後天）？對此，我們暫且不論。簡單來說，在教學法光譜的一端，你會看到的是「指導式教學」（direct instruction）（Engelmann & Carnine, 1991），這種教學法的完美呈現是滴水不漏的照本宣科。學習者若對這個完美無缺的講授有所誤解，必然是學習者本身的差錯，得靠行為分析來判斷錯誤何在，並輔以補救計畫來矯正。這種授課方式其實是一種仿科學實驗，學習者是不可控的變因，因此，一旦將授課控制住且保持恆定，教學失敗必然來自學習者的變異性。「指導式教學」用在基本技巧的教學上，成效斐然。Engelmann 與 Carnine（1991）所提倡的「指導式教學」，在英美兩地的校園，特別是在教導小學生基本技能方面，行之有年；同時，當教學效果意在「複製正確知識」時，教師中心的授課方式很被看重，且廣為採用。

位於光譜另一端的是以學生為中心（learner-centered approach）的「探究式教學」，其目的在於提升學生的自主性，從而發展出有創意的問題解決與思考技巧。隨著老師不同幅度的引導，探究式教學可運用於不同程度的學生身上，漸進的催化學生運用其自主性（Banchi & Bell, 2008）。老師將此概念用在學生行為學習的教學上，從指導邁向探究，意謂著進入另一種現實。老師主導編撰出的一套行為制裁與懲戒原則之「客觀性」，被意圖開放探究的「不確定性」所取代，學生躍居此探究歷程的中心，成為主動的行事者，老師則是負責催化探究的歷程。

長期以來，在教育界存在著支持以老師為中心的指導式取向，和支持以學生為主體的探究式取向之間的爭辯，這其實就是延續了傳統式教育與革新方法間的辯論。但行為領域卻不見此爭議。英國和其他國家的學校採行的是行為主義者——即最早期研究學習的心理學家的臨床發現和實驗程序。直到如今，執教育界牛耳的依然是行為主義者的指導式取向。那麼，有什麼地方不一樣了？

將焦點從問題移向解決之道——讓改變發生

教育與心理治療在某些面向上，有著一致的關懷，都涉及個人學習及改變，也都深受科學發現的影響，心理學尤其如此。心理治療這門專業老是打著以性格重建及行為改變為目標的旗號，但其思考、考據和研究的重點，卻老在問題上打轉，而忽略了當事人帶進治療之中的解決之道。直到1980年代，新思維隨著激進異端路數誕生，才打開不同過往的可能性。

1980年代，建構主義（Constructivism）嶄露頭角，成為人們理解世界的一條新路徑。Steve de Shazer（1988）在那期間從事家族治療工作，身為一個建構論者，他相信人們在經驗與想法的互動之間產生知識與意義。意義是人們思維的成品。

這樣的觀念與實證主義相映成趣，實證論的基調是不論個別差異與個人經驗，知識與意義以「真實」之姿存在於世間。意義並非人類思維的產物，而是獨立存在於宇宙之間。

de Shazer 用建構論的語彙重新詮釋心理治療，得出了意料之外的結論。他在與家族工作的過程中，協助人們在生活中透過行為創造改變，而印證了這些論點。就在這種實務與反思不斷交互循環下，焦點解決短期治療（solution-focused brief therapy, SFBT）應運而生。首次接觸 SFBT 時，我正執教鞭，這個取向恰好提供我一套新的觀點，重新看待如何在校園中帶動行為改變；只是，把它運用在治療（therapeutic）之外的教學工作（pedagogical work）上，行得通嗎？治療與教學，兩者都是用來支持改變、解決問題的，所以，面對問題解決時，聚焦於解決之道（solution-focused）似乎是兩者之間的連結。

從焦點解決的觀點來看，問題只有在有可能被解決時才存在；隨著解決之道的落實，問題就會跟著消失；一個沒有辦法解決的問題，稱不上是問題，就只是生活中的一項事實（a fact-of-life），是鑲嵌在我們生活布幕上一成不變的一幅景色（de Shazer, 1988: 6-9）。傳統上聚焦於問題的行為管理思維，認為問題的本質決定了解決之道，而了解問題是朝向解決的第一步，其與焦點解決觀點形成鮮明的對比。

對這種問題導向的思考方式而言，行為問題是具體、獨立、實存的，它可以被描述，若能採取正確的步驟，就能將之消除。務實的焦點解決取向對行為改變有著截然不同的假定：解決之道與問題並非客觀具體的事物，而是人們建構出來的。與其說問題決定解決之道，不如說問題是由解決之道來定義。問題與解決之道相依而存，一旦解決之道出現了，過去被認為是問題的事情，就成為尋常生活的一部分而已！

舉例而言，當學生進到教室上課、按照正確位置坐下來開始用功，你不會意識到這種情況對於「問題」——曠課或坐錯位置——而言是一種「解決之道」，你不會事先預設有什麼問題，然後屏息以待，去看看是哪邊出了差錯。

你不用時時刻刻的關注每一個可能浮現的問題；學生們大都不用外來動機就可以獨當一面的執行這些流程。然而，一旦有個班級沒有安靜的進入教室就地安頓，就會引起你的關注。你注意到有問題，花些時間跟他們說明流程，順便跟他們說說這樣做好在哪兒。提醒幾次後，依循適當的流程，實際貫徹解決之道，待問題消失，你也有餘裕去關注其他事情了。

我是個訓練有素的科學家，在我進入教學場域之前的整整 25 年我都用「問題導向」的方式在解決問題。當我開始採用「焦點解決」這個不同的工作方式時，我得特別留意去緊貼著這個典範，以免又掉回過往「問題導向」的工作模式。焦點解決工作需要我們換個方式思考，且支持我們將想法付諸實行。沒有必要探究問題的本質，解決之道才是關鍵；直接朝著解決之道去著力，可以省去不必要的繞遠路，像是描述問題、分析，同時也帶來其他重要的好處（後面第七章會解釋讚美與酬賞）。對老師而言，焦點解決有力之處在於：它能幫助學生有創意的運用知識，自發的產生改變，這是「問題導向」模式意圖使用外在動機所無法做到的！

身為老師的你，有義務管理學生行為嗎？

不管是哪種班級（團體），大多數的學生都會跟你合作，捧場你的笑話或給你噓聲，想出各種巧妙、有趣的點子來讓你驚喜。在你教學生活的一開始，你很自然的會期盼今天一切順利。在你眼中，學生是富有資源、成功、充滿希望的一群，你相信他們在你邁步向前之時，會盡其所能的和你站在同一陣線，並諒解你也有失足的時候。你知道他們一開始總期許自己要做到最好，就和你一樣，即便最後的結果並不盡然。他們在你身上，也看見一樣的期盼。儘管你殷殷期盼、妥善規劃，總有些時候事情未如你預期的發展，但你很快就會和與你合作的學生一起迅速恢復活力，找回你們班上一直都有的良好生產風氣。

在一個班級團體中，你很有可能會遇到幾個不合群的搞怪學生，他們在不恰當的時機大聲念出正確答案，干擾到你和班上其他同學。發生這樣的事時，你會為了要履行領導人及管理者的專業責任，而將他們視為其他開心配合的好學生以外的異類嗎？他們有盡力活出自己的資源、希望與成功經驗嗎？還是力有未逮？或是他們其實在惡搞，存心要為難你？你需要行使更多的控制權、規範、懲罰以阻止他們的失序行為嗎？還是說，在老師的權責之內，有沒有可能就直接朝向解決之道來工作？想要學生發生的改變需要借助外力，並且透過你的行為管理技巧而來嗎？還是說改變可以從內而生，只要透過學生本身就具備的豐富資源，所引導出的優勢、懷抱希望、有所成就的成功經驗呢？

順勢而為

運用控制及規範來管理教室行為是行之有年的方法，也看似理所當然。毫無疑問的，老師在策劃、設立課堂管理流程時，有其必要行使一定程度的控制權，即前面提及的班級經營中的「紀律」面向。如果有學生看似無法自控，就像在第一章中提及的案例歐文，那麼，我們想當然耳可能得借助外力來控制他，於是老師的角色就成了行為管理者。但如果我們能了解自己的心態，就能持續保有一顆清醒的腦袋，視這些孩子為擁有資源、有望成功且希望無窮。即便所有證據——如他們張揚脫序的行為——都告訴你不然，但神奇的事依然會發生！

誠然，總有些學生看似抗拒不合作，就像前面的案例歐文。用焦點解決的顛覆性觀點來看，我們會將「抗拒」視為一個人企圖合作所展示出的最大誠意，值得我們好奇，也提醒我們要換個方向問問題。當我們用「視人們為成功且有望」的態度來與之親近，人們本身具備的內在資源就比較能得到強化，未來成功的機會也跟著提升，如同我們讀到的歐文。我在第七章中會更細緻的討論這個部分。要當一個焦點解決取向的老師，你需要一個有架構的概念視框（framework of ideas），「解決式支持」即可做為這樣的視框。

多做一點——何必這麼麻煩？

如果要建立一套新的心態且發展出新的實踐方式，意謂著增加工作負擔，那麼何苦這樣麻煩？

因為這樣做可以帶來改變，而這正是我們許多人投身教職的初衷。看到一個學生在掙扎，我們總希望可以做些什麼讓事情有所不同，導向比較好的結果。

某人即使表面上看起來像在擺爛，其他人也都跟你說他很爛，但相信他已經盡力做到最好仍然是可能的！有時候，學生甚至也會認為自己在擺爛，但當你處於自己的最佳狀態時，你的新視角就能幫你看見他們身上的資源、優勢和成功，讓他們也有能力處於最佳狀態，發揮最大的潛力，做到最好。

除了那些在外顯行為上就很干擾的學生之外，其他學生也很適合「解決式支持」，像是那些很少開口講話、不太會笑、要求不多、你幾乎不太會注意到、學習默默落後的學生。他們可能只是因為不太出聲就被忽略，其他比較聒噪的學生占據了老師的能量。如果在你秉持的信念體系與心態中能把這群孩子勾勒成有希望、能成功並且擁有資源的，那會怎樣呢？是否可以因此有所不同？

老師的職責是幫助學生成功的學習，而不是縱容最吵的孩子拿到最多糖，卻令安靜無聲的那個消失在嘈雜聲中。我的經驗告訴我，「解決式支持」是個極好的資源，是比「問題導向」工作更有智慧的選項。它讓我們能帶著不同以往的眼光，去看待各式各樣的行為，以及思量行為如何改變。

把字練好，表現才優

傳統行為管理觀點認為，問題的解決之道與問題本身兩者之間必然存在邏輯關聯。如果有個學生的問題是一天到晚對著老師大呼小叫、上課時間跑出教室，我們就必須中止這樣的行為；而為了能夠改變他，施予懲罰似乎就成為我們必須做的事。聽起來合乎邏輯吧？但若問起學生，他們覺得什麼比較有助於他們改變，他們會怎麼說？大概不會想被懲罰吧！當然，學生不是行為專家，所以常會想出一些在我們看來八竿子打不著的說詞，你可能會覺得簡直是鬼話連篇，但在他們眼中卻出奇的合情合理。一個針對行為問題的解決之道要能奏效，一定得扣回學生對於「哪兒需要改變」的認知上。在焦點解決工作中，我們會諮詢最懂學生的專家——學生自己。

反思

閱讀下面的故事，讀的時候想想問題和解決之道之間的關聯。在你感興趣的部分做一些眉批。將這些扣回你越來越理解的「解決式支持」。

問專家

我被一所主流學校找去和一名 13 歲的男孩晤談。轉介單上寫著，男孩總是對老師惡言相向、跑出教室在校園遊蕩。學校啟動校規，試遍所有既有的方法，只為了讓他不要再搗蛋。男孩的母親多次被找來學校，但男孩的行為還是一直惡化。他被學校要求暫時在家管束，但依然不見進展，目前看來，只剩下永久開除學籍一途，且近在咫尺了！

我在副校長辦公室對面一間小小的會談室見到他們母子。我告訴他們，我對於「向前看、而非向後看」，比較感興趣；我好奇什麼管用，而不是哪邊出了錯。男孩的母親一聽我這樣說，鬆了一口氣，她說她每次被找來學校，就是為了檢討男孩又闖了什麼禍，而這麼做，對他們而言並沒有任何用處！

我說，每當有學生快要被開除學籍時，我就會被找來學校，我的工作是使出渾身解數來阻止這事發生，我服務的學生來自各學校、各年級。我們花了幾分鐘的時間討論「開除學籍」，因為這個男孩並不清楚這是怎麼一回事！

我問這個男孩，改善什麼能有助於他在學校的適應？他提的是「我的行為？」在這點上我們取得了共識。接著，我們用 15 分鐘的時間討論他的成功經驗、優勢與資源、他喜歡做什麼、什麼是他擅長的。於是我接著說：

我　：我們回到正題——你的行為——上吧！有什麼你可以做的小小調整，能讓你在學校好過、順利一些？

學生：把字寫得漂亮點？

我在我的筆記本上畫了一個 1 到 10 分的量尺，1 代表我們剛見面前的樣子，10 代表我們希望一個月後變成的樣子。我叫他標示出他目前的位置，以及他希望自己兩週後到達的位置。他在 3 分和 5 分的位置上畫記。

我　：假設你的字越寫越漂亮，朝著 5 分的地方緩緩前進，你覺得生活中要出現什麼來協助你抵達目標？

他說他每週想要去找特殊學生輔導員（SENCO）[3] 三次，每次花 20 分鐘練習寫字。我叫他畫一個 1 到 10 分的信心量尺，10 代表「我有信心，當我的字變漂亮後，我的行為也會改善」，1 代表「毫無信心」。他在 10 分的位置畫記。

我　：你希望輔導員可以助你一臂之力，但我不是她老闆，我無法直接要求她這麼做。不過，我可以去徵詢她的意見。請你和媽媽在這兒待個幾分鐘，我去找她談談，可以嗎？

他們母子皆表示同意。

幾分鐘後，我回到晤談室。

我　：輔導員說她很樂意幫忙，她想先知道你何時要開始練字？

---

3 SENCO 指的是「特殊學生輔導員」（special educational needs coordinator），是英國政府於 1994 年開始於各校設立的特教主責人員，不需要直接授課，其工作內容主要是編定與執行校內特殊教育工作計畫與預算，安排學習支援人力與外部資源介入，以及校內教師的特教知能進修與諮詢等。以臺灣的教育現場來說，其職責角色介於輔導老師與資源班特教老師之間，服務對象涵蓋特殊教育、學習低成就、高關懷、中輟等需要輔導資源介入的學生。

學生：明天？

我　：好，等一下我們這邊結束後，我會去跟她說。她剛剛說她會通知你什麼時間去哪邊見她。你還有什麼需要嗎？

學生：沒有。

我　：今天結束前我們還要做兩件事，我想要讓你聽聽我們對你的讚賞，還要給你一個任務。現在我想請你媽媽說說她對你的讚賞，等一下我也會說我的，然後我也想請你給自己今天的表現一些讚賞。你覺得要從誰開始呢？

學生：媽媽

我們各自表達對他的讚賞。

我　：最後一件事——你的任務。我想要請你回去留意一下，在你的生活中，有哪些事情進展得很順利。下一次見面時，我會請你告訴我。我會這麼問：「從上一次見面到今天，你有注意到在生活中，哪些事情進展得很順利嗎？」可以嗎？

他說練字有益，真是個明智之舉！當我第二次見到他時，他注意到自己在各方面都有了長進：他不再咒罵老師、不再到處亂跑，他下課後去找輔導員練字，上課時也不再被老師隔離了。他媽媽說，整體而言，他看起來比以往更有自信且快樂，現在，不用叫喚，他也會經常主動幫忙家務。

結案前，我總共見了這位男孩五次，除了第一次談了半小時以外，接下來四次都只用了 15 分鐘。最後一次見面回顧歷程時，他給我看他寫的字，跟我說他很滿意自己的練習成果。我記得很清楚，初談結束那天我步出校園時，一邊搖著頭，一邊驚奇的大笑，兩者之間的關聯性是多麼不可思議呀！

這孩子後來怎麼了呢？他保留了學籍，並在 16 歲時完成學業。

評析

焦點解決式思考（solution-focused thinking）和解決式支持（solution-support）的核心概念之一即「學生是自己的專家」，上面這則故事證實了這點。男孩自己知道解決之道何在，我只需開口問他，不用自己瞎猜。那個不可思議的關聯，在我看來原是風馬牛不相及的，所以我跟他核對，他說他有信心，當他的字跡變漂亮後，情況就會有所不同。結果證明，他是對的！

你是否注意到，他的動機是怎麼來的？沒有任何外在獎勵或酬賞。我請他留意他的成功經驗，然後我們做了些討論。他貫徹了他的練習寫字計畫，直到滿意為止。改善這點對他來說困難嗎？我不知道。這麼做有讓大家好過些嗎？似乎有。Steve de Shazer （1988）曾說，問題的本質未必能決定解決之道。與其試著發明對問題富有邏輯與解釋力的理論，難保一定無誤，不如擱置問題，把時間花在尋找解決之道，還比較有產能。

教學、輔導、諮商，一場會心之約

身為老師的你，期待能在師生關係中扮演學生的諮商師、教練和嚮導等角色。校園版的艾爾頓紀律報告（Elton Report on Discipline in schools）（DoES & the Welsh Office, 1989）有討論到此工作面向，並建議老師接受一些以孩子為中心取向的諮商訓練，自此「焦點解決式支持」（solution-focused support）就常被列為有效的途徑之一。Hill（1999）針對特別適用於教師牧者角色的有效支持方式進行回顧，他將焦點解決諮商納入其中，做為一條新發展路徑。Ajmal 與 Rees 2001 年出版了《學校的解決之道》（*Solutions in schools*）一書，2015 年 Ratner 與 Yusuf 的新書也以焦點解決在學校的教練工作為主題。輔導、諮商、教練工作如何與你的教師角色產生連結？儘管語彙不同——老師從事的是牧者工作，諮商師與治療師則是提供療癒性的照護——其實踐與目標卻是可以互相貫通的。以校園為本位的專業諮商師提供學生一個可以放心說話的空間，找出前進的道路，他們運用諸多諮商模式，像焦點解決短期治療、焦點解決教練都是其中之一。何以焦點解決取向在支持學生上特別符合學校老師的需求呢？因為在學生的行為改造上，我們揚棄了從前下診斷和專家建議的作法，轉而去聆聽學生，了解有什麼方法對他們而言已經管用，有哪些他們已知的具體步驟可以幫助自己達成目標。

誰需要諮商與教練？

Cooper（2013）發現，在英國，有三分之二被轉介到學校諮商師那兒的學生，其面臨問題的類型並非嚴重的心理議題，而是一些隨著兒童青少年成長進程，將逐漸被解決或實踐的發展性議題。顯然，導師覺得自己並不具備協助這群孩子所需的技能，因此將有困難的學生轉介出來；擔任牧者工作的輔導老師肯定了導師的評估，進一步將孩子轉介給專業諮商師。接受過相關訓練的老師可在初層次階段提供有效的諮商和教練工作，而在諸多案例中都發現，解決式支持成效顯著。至於狀況比較棘手的學生，如果學校有合作的專業諮商師或教練，老師可以安排轉介；如果學生的問題嚴重到無法在諮商或教練方案中就得到緩解，諮商師、學生家長或照顧者等可能就要諮詢他們的全科醫師，校方和校園系統衛生人員可以透過全科醫師，將孩子轉介至兒童暨青少年心理健康服務單位。

2008 年，Wales 將諮商納入學校整合性服務中的一環，其功能包含了：

- 補充牧者照護系統的不足之處
- 針對有照顧兒童與青少年、處理學生情緒及行為問題需要的教師，給予支持
- 提供教師諮商技巧及壓力管理訓練

- 針對霸凌、輟學等問題，提供策略性的諮詢、訓練、支持、督導
- 在保密架構下，對藥物及性教育政策發揮影響
- 協助個人及社會教育課程綱要之擬定
- 加強兒童保護程序之有效落實

（Welsh Government, 2011）

本模式不僅將諮商視為針對高風險學生的支持性服務；透過對教師的支持與訓練，支持校園的整體發展，諮商亦能提升學校的總體效能（Ratner & Yusuf, 2015）。把焦點從控制、懲罰行為不檢的學生、視問題為需要醫療或心理治療介入的行為病態，轉向解決之道，有助於建立教師及學生雙方的信心，因為成功是彼此共同努力實現的成果。

解決式支持之所以是安全的處遇方式，是因為老師這方可以在短期訓練後有自信、有效能的工作，毋需具備特定的心理學或醫療專業知能來解讀學生的行為；並不聚焦於學生曾經歷過的問題和可能的創傷經驗；即便沒有其他可取之處，至少提醒學生他們具有的優勢、資源、成功經驗，以及為自己設想和獨立行動的能力。

結論

身為新手教師，你必須一邊打造理想的課堂氛圍，一邊留意學生行為與學習狀況。負責班級經營時，你得決定要落實的結構與框架，如有助於班級課堂流暢進行的固定場景、流程慣例等，有些是約定俗成的（比如一般的校規與課程），有些則是你可以自由決定的。你可能要遵守某些行為管理程序，比如說，你想請一名學生離開教室時該怎麼做、遇到學生搗蛋時要如何落實學校的懲戒條例。

你了解教學遠比管理重要，師生關係對教學效果影響甚鉅，你能直接發揮影響的範疇從門口一直延伸進辦公室內，不僅走入室內的物理空間，還觸及學生內心的不同面向。學校可能設有主張何謂合宜關係的政策方針，可能多強調領導力、負責、澄清以及其他有助於奠定良好師生關係基

石的特徵。但在落實面上，身為老師的你，可以自行決定要如何解讀這些特徵，用何種方式和學生晤談。

我在本章中一直鼓勵讀者開始反思自己平時對學生的描摹，因為這反映了你的心態。如果你將學生視為富有資源、充滿希望、成功的一群人，那麼他們就有機會在你細心打造的學習環境中長出如你所見的模樣。當問題出現時，如果你帶著焦點解決的精神面對與處理，那麼不論身處順境或逆境，你對人的眼光始終如一。可能你會在班級經營的某個面向上實施一套班規，如要求學生進到教室後，立馬乖乖坐下、開始用功，但這無助於營造出你想要的班級氛圍。

對此，你有好幾種不同的作法，你可以保持原來的規定，運用你的權力來馴服學生；你也可以聚焦於問題，試著找出癥結所在，釐清何以這套規定不管用，據此調整以驅使學生服從。當然，一旦老師動用控制與權力來獲取學生的服膺，學生就被視為依賴、需受控制、失敗的一群人了，這麼一來，就強化了「問題導向」的心態。

或者，你可以採取焦點解決取向：想像「學生進到教室來，乖乖坐下」是什麼樣的圖像，找出畫面中已經有用的部分，你可以和學生一起探究要如何才能勾勒出這樣的圖像，以身作則示範如何另闢蹊徑以解決問題；制定班規時，最好能取得全體共識，而非要求單向服從，如此才能鼓勵彼此合作。第十章會介紹一個焦點解決架構供您嘗試。

當某個學生的行為表現干擾課堂順利進行時，如果你將此視為「人的問題」，而非「管理議題」，那麼你也會有好幾種選項。你可以行使控制權、運用外來紀律。如果你採取「問題導向」的行為管理途徑，你應該會和之前嘗試建立的「優勢本位」途徑，發展出截然不同的關係。如果你直接採取了懲戒制度，就等於冒著引發對抗、不從的風險，甚至會傷害先前與學生已培養的正向關係。

不然，你也可以像我與那位練字男孩的互動一樣，採用焦點解決的眼光，將那名被學校報告形容為「抗拒改變、失敗的」男孩，看成一個有資源、能成功、充滿希望的孩子。你可以與孩子合作，透過焦點解決的探究歷程一起來解決問題，同時強化你們之間的關係效能。你問我怎麼知道這樣管用？因為我從經手各式各樣學生問題的實務經驗中，累積出有用的證據。「行為改變」不僅是要支持學生改變干擾性或退縮的行為，也包括我們老師自己的行為及驅動行動的信念。或許我應該把這本書的書名延伸為：「改變行為，也改變你的心念」。

參考文獻

Ajmal, Y., Rees, I. (2001) *Solutions in Schools: Creative Applications of Solution Focused Brief Thinking with Young People and Adults*. London: BT Press.

Banchi, H. and Bell, R. (2008) 'The many levels of inquiry', *Science and Children*, 46 (2): 26–9.

Cooper, M. (2013) 'Counselling in UK secondary schools', *Therapy Today*, 24 (5): 26–8.

de Shazer, S. (1988) *Clues: Investigating Solutions in Brief Therapy*. New York: Norton.

Department of Education and Science and the Welsh Office (1989) *Discipline in Schools: Report of the Committee of Inquiry Chaired by Lord Elton*. London: HMSO.

Engelmann, S. and Carnine, D. (1991) *Theory of Instruction: Principles and Applications*, Eugene, OR: ADI Press.

Gazeley, L., Marrable, T., Brown, C. and Boddy, J. (2013) *Reducing Inequalities in School Exclusion: Learning From Good Practice*. Falmer: University of Sussex.

Hill, M. (1999) *Effective Ways of Working with Children and their Families*. London: Jessica Kingsley.

Ofsted (2014) 'Below the radar: Low-level disruption in the country's classrooms'. Available at: www.gov.uk/government/publications/below-the-radar-low-level-disruption-in-the-countrys-classrooms (accessed 10 April 2015).

Ratner, H. and Yusuf, Y. (2015) *Brief Coaching with Children and Young People: A Solution Focused Approach*. London: Routledge.

Rogers, B. (2006) *Cracking the Hard Class*, 2nd edn. London: SAGE.

Rogers, B. (2011) *Classroom Behaviour*, 3rd edn. London: SAGE.

Welsh Government (2011) 'Evaluation of the Welsh school-based counselling strategy: Final report'. Available at: http://gov.wales/statistics-and-research/evaluation-welsh-school-based-counselling-strategy/?lang=en (accessed 10 April 2015).

Wiliam, D. (2008) 'Changing classroom practice', *Informative Assessment*, 65 (4): 36–42.

Wilshaw, M. (2014) 'Pupils lose an hour of learning "because of bad behaviour"'. Available at: www.itv.com/news/update/2014-09-25/wilshaw-education/ (accessed 10 April 2015).

3

成為你能力所及最好的教師

閱讀這一章的內容，讓你有機會可以：

- 探索與班級經營有關的計畫面向
- 連結「焦點解決教學法」與班級經營，將「焦點解決」納入班級經營計畫裡的一部分
- 介紹一種以「焦點解決教學法」及「解決式支持」為探究模式的教學法觀點

至少從我個人的實驗裡，我學到了：一個人如果帶著信心朝著夢想前進，努力活出他想像中的生命，他就會達成平時意想不到的成功。

——Henry David Thoreau《湖濱散記》（Walden, 1854）

為成功做計畫

要成為你能力所及最佳的教師，你得著手處理哪些議題呢？你是否能成功勝任老師這個角色，端視你的為人處世而定，「班級經營」是待辦清單上的一項優先任務。成功的班級經營可以為課堂帶來有秩序、好適應、易於學習的架構。但實際上，一個置身局外的觀察者常常看不見這點。正

因如此，要一個新手教師去向其他資深的同仁說明經營組織的策略，實在不容易！而資深教師為了打造課堂學習環境，在學期之初就開始著手進行的發展性任務和計畫方案，也大都隱而未顯。

班級經營的籌劃在你踏入課堂之前就已展開，其中有一項重要任務是，從各種管道來源去組織各方的資訊與意見。比方說，根據資深教師的經驗與班級經營的相關書籍研發出教師訓練課程，並將訓練課程拆解為循序漸進、可管理的行動計畫。其中一種將此歷程結構化的方式是，將之拆解為：積極的開學前班級經營前置計畫（pre-planning）及實施後的後續追蹤計畫（in-flight and follow-up planning）（Freiberg, 2002）。我們目前關注的是前置計畫階段：計畫的初期需要老師運用想像力，勾勒出教學場景以及學生的反應，而積極計畫則需要具體說明該堂課所需的資源。包含這兩部分的計畫能帶來預期的效果；而方案則須經過特意策劃，才能將意圖、資源與資訊整合起來。

前瞻規劃，向後實踐

若能用一種結構化的方式來落實班級經營的計畫，我們會有比較高的機會達成預期中的效果，也能更簡化活動成果的評量，並引領下一步。當你遇上班級經營裡某個特別需要關注的面向時，你可以將之視為一個需要被策劃、執行、檢討的方案。此處的方案指的是，一個有特定預期效果的短期活動，以及一條從資源挹注到結果的清晰路徑。

在教育場域以外的方案管理世界裡，有個建置完善但在校園中鮮為人知的工具，叫作邏輯模式（logic modelling）。這個模式的作法是，想像並勾勒出一幅未來的願景圖，圖中所有期待的結果都得以實現、奏效；然後有系統的制定出要達成這幅圖像所需之步驟：先陳述出期待的結果為何，接著具體說明，需要發生什麼才能使期望成真（Funnell & Rogers, 2011）。方案階段之間的邏輯關係，可以用「如果……，結果就……」來說明：我們如果從事了這個活動，結果就會像這樣。有一種制定方案的方式是：從一個理想的未來圖像出發，向後推回到當下來實踐，從而判斷這個想法是否可行，並在必要時重新修正方案。一旦你選定了一個方案，就可以按照邏輯模式開始計畫如何落實。

本書的一個目標在於啟發讀者對「問題解決」的概念，開展出更寬廣、多元的想法，然後將這些想法運用到校園行為上。就某種向度而言，以「焦點解決」做為「問題導向」以外的替代性作法，就是一種開展。我在前兩章中介紹了「焦點解決取向」的問題解決模式和「解決式支持」。你可能已經在「效果焦點的邏輯模式」（outcome-focused logic modelling）和「解決式支持」之間發現某些類比，當然這是題外話，非本書主軸。

我在這裡介紹了邏輯模式這個簡易工具，是要協助你藉由初始階段的積極組成元素，開始有系統的規劃你的班級經營（Freiberg, 2002）。你很可能也會發現，這套工具在學校其他需要計畫的任務，像是課程或系所規劃上，也能派上用場。

如果你決定開始學習這個模式，網路上有許多免費資源可供參考，我的部分，僅就以下簡短建議，餘者不涉。

反思

- 如果你決定要探究邏輯模式，請寫下三個效果焦點的邏輯模式和解決式支持之間的相似之處。
- 寫下五個實務場域，是你認為「效果焦點」方式的班級經營規劃可派上用場之處。

在規劃與實施班級經營程序時使用策略與發展技巧，有助於降低對「嘗試錯誤」（trial and error）的依賴，後者是靠著失誤來修正。原則上，如果你的班級經營是成功的，就不大需要將例行的教室行為獨立出來處理；當苗頭不對，需費力去滅火的時候，既要維持原先的步調，讓學生保有積極學習的挑戰與興致，還要防止不被期待的行為，對老師而言，就變得更加困難。當規劃或實施班級經營顯得過於困難時，還要針對學生的紀律與違規問題進行「細部管理」（micro-manage），亦有可能讓老師感到耗竭。另一個替代選項是有系統的規劃及回顧班級經營，或許這有助於老師保有一定的控制感與自我效能（Freiberg, 2002）。

邏輯模式可能可以幫助你系統性的規劃班級管理，並防止課堂上出現干擾學習的行為。當你對你的班級經營有自信，一旦遇到學生無法管理自己的行為來提升學習效能時，你就可以有計畫的回應（planned response）他們的需求。如此一來，你便能即時以「解決式支持」來行動，使原本程度輕微的干擾行為，不致惡化到需要校規介入予以制裁懲戒的地步。值得再次留意的是，只有極少數的一群學生需要這樣的附加協助，我們毋需為此冒著超載過勞的風險。所謂「有計畫的回應」是指，承擔起符合教師身分的行為舉止，當一個學生需要更多的外部支援時，你可以有憑有據的為他據理力爭。如果我們回顧工作時發現，「解決式支持」並不管用，那麼就代表這位學生可能需要額外的資源去支援，像是專門領域的教練、諮商、專家衡鑑等等。

做出改變

我擔任行為輔助教師（behaviour support teacher）時，學校會找上我，經常是因為某個學生闖了禍，而校方用盡一切辦法，卻依然無效。通常會轉介到我這一關，就代表學校祭出了最後手段，企圖要改造這位學生。想當然耳，我常常陷入一種為難的窘境，學生慣性的打破規則，而校方也慣性的重申、強調界線，卻不見功效。難道我們非得等到事情變得不可收拾，才要開始嘗試不同的作法嗎？我一開始擔任行為輔助教師時，完全不知道除了嚴陣以待、揪出問題癥結並予以重擊這種慣用方式之外，還能怎麼處理這些情況。但是，要將學生行為問題底下所有因素全盤納入考量，無疑是緣木求魚。我們的第一步照例都是到班觀察，並提供老師一些班級經營上的回饋及建議。但老師經常告訴我們，有陌生人在場時，學生通常表現得比較聽話乖巧，像我們這樣的外來專家是無法看見問題的真實面貌的！他們也常說，我們建議的作法他們早就都試過了！總之，說這些話的可是不分晴雨、經年累月和學生朝夕相處的資深老師。於是，我開始調整作法，直接用「解決式支持」來和學生工作。

行動中的「解決式支持」：案例故事

安迪再過幾個月就要從小學畢業了！他的行為最近嚴重惡化，並且一直干擾班上。學校老師已經嘗試和他討論，想找出究竟是哪兒出了差錯，但安迪不太願意接受幫忙，他的行為也每下愈況。安迪從很小的時候開始就一直被收容在安置機構裡。

我規劃了一個方案，歷時四週，包含五次簡短的會談。首次會談用來建立工作架構，最後一次用來回顧歷程、進展及後續規劃。一如往常，我安排和安迪在學校會面，從頭到尾都只有我跟他，每次會談後，我會花幾分鐘的時間和副校長回報我們的情況。

我和安迪在五次會談裡討論了他的資源、期待，以及針對他目前的困境，已經在發生的解決之道，而非那些全新、前所未見的方法。對於觸發這次轉介的問題，我們絕口不提，因為那對焦點解決的工作而言，可有可無。

我們開始著手探索各種解決之道。從一個教師忙碌的眼光看來，焦點解決行為支持之所以有效的一項重要特徵就是，它並不需要對行為及行為的原因有長足的專門知識，因為這不是個分析的取向。安迪本人就擁有本方案所需的特定專家知能，而我的角色就是在這個探究的歷程中，扮演一個值得信賴的焦點解決夥伴與嚮導。

焦點解決式探究

我們展開一場「焦點解決式探究」（solution-focused inquiry）之旅，我的角色是在幫助他清晰的聚焦於解決之道、當下的成功經驗，以及對期盼中最好的未來。首先我問安迪，我們討論什麼對他會最有幫助，他說擔心自己要上中學了。他的回答促成了我們的方案——探究的焦點。我請他在

1 到 10 分的量尺上指出，在剛才我們開始談話前，他的信心是在幾分的位置？他說-10。

我　：所以，在我們開始十分鐘之前，你在-10分的位置，那麼現在呢？

安迪：0。

我　：在我們開始談話的幾分鐘之內，你就從-10分進步到0分。你覺得是你身上的什麼讓這個改變發生？

安迪：我想讓自己準備好邁向……還有……我在跟你說話。

如同信心量尺分數一樣，我問了他對自己的最佳期待是幾分？他說，他希望能在這學期結束以前，也就是差不多八個星期之後，變到 10 分的位置。我問他，他可能得採取什麼不同的作為來讓這個期待成真？他清楚的說，他得多上幾堂課後數學輔導課，並在家裡準備一部英文字典。他希望上了中學以後能擁有一部屬於自己的字典，以前他從未有過。我問他想不想跟我一起去找副校長談談，看我們能做些什麼安排？我們去了副校長辦公室，針對他指明需要加強的領域，安排了幾堂額外的輔導課。副校長說她會去看看有沒有經費可以添購一本字典。安迪的行為在我們首次見面後就不一樣了！不管是在平時上課還是課後輔導時，他都相當用功，表現良好，他對升學的信心也如他所期待的提升了！

第五次見面，回顧我們整個過程時，安迪說他已經準備好要去上中學了！我請他繼續注意生活中有哪些做得很不錯的部分，跟他核對還有沒有任何他需要的東西。他說一切都好，我們於是結案。整個方案下來，我在一個月之內和安迪進行一共兩小時面對面的接觸。

評析

注意回饋的循環（feedback cycle）；形成式評量（formative assessment）內建於「解決式支持」的架構裡。讓我們認真想想，學生盡力在跟我們合作時，都說了些什麼？安迪仔細思量我提出的量尺（10分表示準備好去上中學了，1分則是相反），如實的說他一開始在-10分的位置，我把他這樣的回應看作他明確的表達願意投入這份工作關係，也願意為量尺代表的意義負責。我想尋找的是已經有的改變，而不是被他怎麼幫自己打了一個低落的分數給困住。這是個有希望的開始。

一旦改變朝著最佳期待的方向開始萌芽，我們就有了可以回饋與挑戰的素材。相反的，有一種截然不同的改變歷程，是由最終目標所引導，由大人決定中間所需經歷的階段，並期待學生去達成他們的目標，否則就是失敗。

那個「不斷惡化的問題」跑哪兒去了呢？重點是它從來都沒有被提起，不論是安迪心中勾勒的未來故事，或是他「準備去上中學」的心靈地圖上，都不見它的蹤跡。

聚焦

「解決式支持」是一種未來導向、有結構、可信賴的方式，有助於老師處理校園中會遇上的各種學生狀況，包含行為問題。「解決式支持」是一種探問形式，包含為數不多的幾個開放式問句。它在使用上與其他校園程序，如懲處條例等既有的行為管理沒有扞格，其重點在於協助學生在真實情境獲得最佳利益。焦點解決的眼光會視一個可以改善行為的學生為成功、有希望、有改變動機。而同一個學牛，若從問題導向的觀點來看，就會被視為失敗、有缺陷、缺乏資源與動機，需要引入外部支援或介入等。你要秉持「焦點解決」還是「問題導向」的思維態度來開展與學生的對話，這是一種選擇，而這個決定奠基於你的信念。

採取不同的思維模式，真的會有影響嗎？

學生如果感受到在老師眼中自己是成功、有希望、有資源的，他們就比較有能力用同樣的眼光來看待自己。大量的安慰劑研究支持了這一點，Davies（2013）對此有清晰的解說。一個人若相信與他合作的對象是支持他、認真看待他的，並有能力能讓他覺得比較好過，那麼他就會覺得自己變好了！身為老師的你，當你相信一個有問題的學生是有資源、能成功、有希望的，他們就比較有可能變成如你所視的那樣，強化他們本來就有的「焦點解決成長」思維，將問題視為可用自身資源與優勢去迎接、克服的挑戰。我的經驗一直都是如此，有些學生可能需要我多費些時間來建立關係，但我從未遇過哪個學生拒絕和我合作。儘管面臨一些額外挑戰，狀似相當棘手，但我從未輕言放棄，也從未有過學生說要放棄跟我合作！

「負安慰劑效應（nocebo effect）—我有害」是「安慰劑效應（placebo effect）—我有效」的反面現象，人們對此所知甚淺，研究上著墨也不多。負安慰劑效應指的是：當有困擾的人感覺不被理解或同理、甚至被懷疑時，可能因此感到絕望、憤怒，甚至得為自己的困境辯護。負安慰劑效應似乎比安慰劑效應更具影響力，正因如此，助人專業需要更加關注此現象（Stromberg, 2012）。在醫學史上，安慰劑由來已久且相當受重視；醫病關係中，安慰劑更常起一種療癒作用。醫師的同理心及對病情樂觀以待，在許多病例中是唯一可行的工具。你也許會覺得臨床與課堂是風馬牛不相及的，但樂觀積極的信念能帶出較好的結果，反之則否，這類想法確實與行為議題直接有關。你在接觸那些面臨挑戰的孩子時，若能抱持著一種相信他們是有希望、有資源、會成功的心情，其結果往往比將他們視為有害、失敗、有某些缺陷的好上許多！

這和身為老師的你有何關聯？

「關係」是良好行為的關鍵。身為一個新手教師，你一定希望在尊重、信賴等與思維和信念有關的特質基礎上，與學生建立良好的工作關係。教學工作的基礎在此，治療工作亦不為過（Lambert & Barley, 2001）。

有彈性、誠實、尊重、可信賴、有自信、溫暖、感興趣、開放等人格特質，以及探索、反思、正確的詮釋、貼近案主的經驗等技巧，都有助於建立合作關係或工作同盟（Ackerman & Hilsenroth, 2003）。

銜接管理與成就

學校與班級管理的目的在於打造一個可供教學與學習立足的平台，來趨近國際之間有志一同的目標：提升成就。然而時至今日，前人嘗試過的方案多數未果。「形成性評量」是其中發展出的一項方法，可以有效加倍提升學生的學習速度。Wiliam（2007）明確條陳出實施形成性評量所需的情境：

- 向學生澄清並分享學習的目的及對成功的評判標準
- 設計有效的課堂討論、提問問題和學習任務
- 給予學習者更進一步的回饋
- 啟發學生成為自己學習的主人
- 鼓勵學生成為彼此的輔導資源，使用同儕評量及回饋

根據 Wiliam 所提出的「全班式評量」概念，加上「解決式支持」主要是為了個別化學習，因此「解決式支持」相當符合這些條件。同儕評量與互相回饋的機會必然受限，但「解決式支持」在其他所有面向，都可以推進形成性評量的循環。誠如 Wiliam 所言，所有我運用「解決式支持」來促進學習的例子中，學生學習的速度顯然都相當快速。

反思

- 一個老師能使用「形成性評量」並合併採納「解決式支持」為教學途徑，這樣的思維背後的信念是？
- 具體來說，老師會如何形容該學生？

班級經營與「有助於學生學習的行為」兩者之間乃相輔相成，也都需要清楚的程序、簡單易記的規則。向全班同學說明程序、糾正歷程中的錯誤是老師日常工作的一部分。「邏輯模式」這類的工具有助於規劃班級經營方案，以減少教學展開後你可能會面臨的混亂與壓力。然而，當深思熟慮的管理依然無效時，你該怎麼辦呢？從「成長思維」（growth mindset）（Dweck, 2006）的眼光看來，這會是個挑戰、一個讓你的付出值回票價的機會。而現在正是時候去做些不同的嘗試，「解決式支持」即為一種選項。

化「解決式支持」為行動

自 1980 年代初期 Steve de Shazer 從家族治療工作發跡，焦點解決取向的應用持續不斷的擴展與成長（de Shazer, 1985, 1988）。校園教育心理學家、諮商師、專家支援教師們已經使用本取向超過 20 年了！ Ajmal 與 Rees（2001）編輯的著作中，描述了包含行為在內的一系列可運用於校園的焦點解決式思考。英國政府教育與技術部門的出版品《基本策略》（Primary Strategy, 2005）提供了訓練素材和指南，將焦點解決取向運用於行為上。在英國和國際間，焦點解決取向的運用在校園場域穩定的發展著（Mahlberg et al., 2005; Murphy, 2008; Rae & Smith, 2009; Ratner & Yusuf, 2015）。

我介紹這個有關行為的新取向，用意在於支持你的專業發展。但我也明白，要在班級實務上做出任何調整，都是一件不容易的事。儘管 Hargreaves（1996, 1999）在 1990 年代、Goldacre（2013）在近年都努力推動「以實徵為基礎的教學」（evidence-based teaching），但教學和學術研究之間的連結仍然薄弱；研究所產生的理念一直難以落實於課堂上。至於那些教師和校方因實務工作所需而主動進行的研究，卻一直被當成教育研究中最難概念化的一塊，前景一片模糊（McIntyre & McIntyre, 1999）。部分乃因為教師習慣從事「**嵌在**實務工作**裡面**」的小規模研究，而非「**有關**實務工作」的大規模研究。「嵌在實務工作裡面」的研究相當「視當下情境而異」（highly context-related），而不是為了實踐 Goldacre（2013）所主張，可以生產有廣義類推效益的大規模實驗研究。雖然老師做的研究也會產生某些論述，但這些論述僅限於 Simons 等人（2003）所謂「情境下的概括性」（situated generalization）。只有當情境中出現實務改善的徵兆，老師們感到有切身關聯時，他們才會著手採納與精鍊該方法。如果該情境夠相近，我們才可以說，就一個尋覓新點子的老師所做的試驗而言，這樣的研究發現是有關的。

我以行為輔助教師的身分針對我的實務工作做研究，再將研究發現直接運用於我的工作和學校，來回應需要行為協助的學生，他們的目標通常與想要保留學籍有關。我邀請老師進到我的會談裡觀察、參與「解決式支持」對話、給他們機會接手晤談，甚至在我的遠端協助下，開始獨當一面與學生談話，最後持續提供「焦點解決教學法」的督導。在這種緊密的程度下，許多老師、教學助理等都嘗試了「解決式支持」的方式。這個經驗說明，何以我可以從自身的實務經驗中提出證據。我希望這些證據可以與你，不論是現在身為一名老師，或是曾經在學校體制下當學生的經驗，產生切身的關聯。

評析

起自 Steve de Shazer 和 Insoo Kim Berg 等人在密爾瓦基（Milwauhee）治療室內發展出的「改變之道」，以實務基礎的證據將導向改變的焦點解決取向帶往更寬廣的問題解決世界。當時，案主為了尋求改變來到他們的診間；改變發生後，治療師檢視實務介入裡有哪些可能發揮功效的線索；於是發展出焦點解決理論來解釋「焦點解決式支持」何以管用。相反的，「有實徵基礎的實務」發展自 Beck（1967）的「問題導向認知行為治療」（problem-focused CBT）和 Dweck（2006）的「思維改變取向」（mindset approach to change），是起源於被控制、簡化的實驗室研究情境，並實驗性的用在複雜的校園、社區中。這或許可以解釋，何以如此難以將這些理論整合進教師們日常面臨的行為改變實務工作裡。

教職員的知識與技能是促進可欲行為的唯一重要因素（Steer Report, 2005: 83）。對於那些已經試遍手邊各種行為管理策略，但仍然不斷干擾課堂、學習成就低落、基本上太不聽話的孩子，在和他們一起工作的經驗中發展出我自己的工作取向。歷程中，我堅持力求簡潔，不讓自己受到正規衡鑑與診斷的束縛，提醒自己切記我工作的對象是「人」，而不是什麼有缺陷的族群。一路以來，我在「不驟下結論」上的專業能力進步了，花費在管教上的工夫越來越少。這個取向似乎解放了那些卡在「失敗—懲罰」循環中、因為出路越來越窄而更加退縮的孩子。我服務過許多在學校邊緣掙扎的孩子。為了知道在催生改變發生的能耐上，這個取向的極限何在，我將它用來測試一些顯然無望的情境。我在職務上公開表示，我要和那些大夥兒試遍方法依然無效、即將被開除學籍的孩子工作。我開始獲得一些正面的成果，孩子也能留在學校，而且有了一些成功經驗。以下是一個典型案例。

湯尼的故事

初次見面時湯尼 14 歲，當時他已在寄養家庭待了許多年。學校轉介單上說明他需要行為協助，因為他在學校一直攻擊其他孩子，還常常弄傷他人。課堂上他的表現還不錯，學習目標都有達成，也如預期進步著。學校行為規章上所有的法子都試遍了，但他的暴力行為依然如故，一切都無效。轉介單上寫著，湯尼已經被他的學習關鍵期觀護人（the Head of the Key Stage）口頭警告、留校察看，甚至被叫到學校大門口罰站示眾，以為警示。他被隔離的時段越來越長，他的寄養家庭監護人也被找到學校面談，說明如果湯尼再攻擊其他同學，就會被正式退學。考量到其他學生的權益，他們已經無法再給湯尼機會了！對此，雙方別無選擇。

湯尼已經窮途末路了。我接受請託著手介入此事。我和學校的特殊學生輔導員核對了湯尼的學習狀況，輔導員一直密切的關注，試著要協助、引導湯尼，但卻一直感到卡關。他表示，湯尼一天到晚因為被學校暫時驅逐或隔離察看而缺課，但目前他的學業進度並沒有落後，因此沒有額外課輔的需求。

我到了學校，在忙碌的特殊需求處室旁邊一個小辦公間見到了湯尼。我們握了手後，我問他想要坐在哪個位置？我告訴他我是誰，以及我何以在這兒。我說我通常是被叫來學校和那些有點被卡住的孩子工作，我問他事前是否得知今天會有這個晤談？他回答說他的監護人跟他說有個叫作 Geoffrey James 的人會來學校會面他，可是他不曉得這是為什麼！

我　：假設說你和我要並肩作戰，那麼我們一起做些什麼對你會有幫助？

湯尼：我的行為？

我　：所以說，我們如果做些和你的行為有關的事，對你是有幫助的嘍？

湯尼：是的。

我　：好的，那我們要開始了嗎？

湯尼：好。

我　：我們等會就開始。但在那之前，我想問一個完全不相干的問題。你最擅長什麼？你最喜歡做什麼？

湯尼：你是說在學校嗎……還是……

我　：在學校或校外，哪兒都好。

湯尼：我想想，那應該是釣魚吧！

於是，我們討論了釣魚。他知之甚詳。接著我們又談到一些他喜歡的事情。我們第一次談話用去了40分鐘，接下來的幾次追蹤晤談大約介在20至30分鐘之間。我們討論預計在未來一個月當中見五次面，然後回顧，並決定是否結束或繼續工作。回顧時，湯尼說他尚未準備好要結束，於是我們又安排了五次見面的機會。第二次回顧時，湯尼再次提出想要繼續和我談話的意願。我問他我們的晤談裡，有哪些部分對他是有幫助的？他說，這個晤談讓他有機會說說生活中進展良好的部分。我問他我們要多久見一次面？他說或許每個月一次就夠了！

接下來的幾個學期間，我們不定期的見面。他在學校的最後一年，我們一共見了兩次。七月中旬，我們最後一次談話，他跟我說因為之前成功的工作經驗，這個秋天他即將展開一份細木工的學徒工作。我再次問他，我們的談話是怎麼對他產生作用的？他的回答很有趣。他說，有機會談談生活中的好事這點很有幫助，但最重要的事情是，儘管他已經長成一個六呎大漢，他依然是我當年遇到的那個 14 歲的小湯尼。他說，現在如果他看到朋友在街頭被別人盯上，他依然會出手相救，雖然自己很可能會身陷其中，但他還是會這麼做，因為他的身手還不錯。唯一和以前不同的是，現在他知道何時可以出手，何時得按捺。我跟他說，他一直是個很好的合作夥伴，因為他有能力思考自己的作為，有反思能力。他想了想，點點頭。我說：「就像你現在正在做的！」我們握手，道了最後的再見。

評析

從首次晤談到最後一次，湯尼都沒有在學校惹事，也沒有被暫時隔離或永久開除。從我們第一次提到釣魚的對話起，我們都做了些什麼呢？「焦點解決工作」是一種針對他的想望、擅長的事、可能改變之處所做的「探究」。我沒有給他任何策略、獎勵或懲罰，他就已經在行為上做出重大的改變，讓自己得以留在學校念書。而且整個過程中，他一點也不覺得被迫要去改變「他這個人」。他感覺到自己更有能力成為理想中最好的樣子，並活出他的潛能。

實務與理論

與行為管理有關的實務指南，容易把理論層面的議題都晾到一邊去，純粹強調實務上可應用的部分。在我和一大群教育心理學家和特殊教育老師工作的經驗中，我們當老師的常被認為完全是在做實務工作，但其實我們的心理學家領導一直告訴我們，所有的作為都要有扎實的心理學理論基礎才行。

不論他們是否真的理解，當實務工作上遇到行為及行為管理問題時，老師一直深受心理學思考的影響。教學不同於心理學，兩者基礎有別。我發現大家其實不太了解老師「實施教學法」和心理學家「做實驗」的意義是不大一樣的！因此，我在其他老師的陪同下，自己摸索出了面對實務挑戰的路子。我眼前坐著的是活生生的孩子、遇上鐵錚錚的麻煩，我得立馬祭出一些有效的法子才行。對我來說，搬用前人的方法卻不假思索絕對是不行的，尤其當那些方法不管用的時候。與此同時，強勢的行為主義理論對我們的實務工作產生了根本的影響，身為「反映的實踐者」（reflective practitioner），我們應該當仁不讓的審視這些理論是否管用、是否是我們真正需要的。

行為主義式的獎懲機制真能解決校園中的行為問題嗎？以湯尼的故事為例，校方的行為規章其實預設了：儘管湯尼目前的表現不如人意，他有能力在任何時候、基於自己的選擇做出達成校方期待的改變。而每次的刁難或懲罰應該都是要促成改變才是！然而，在「別無他法」的情況下，「沒有改善」這個事實顯然不足以讓我們調整作法。假設我們預設改變可以按不同方式發生，不一定是因為懲罰帶來改變，而是在「湯尼有狀況」和「懲罰」之間有一個「反思地帶」呢？心理學家提供一些新的眼光來看待行為改變，而改變歷程的本質也在這樣的檢視下浮現。

1983 年，臨床心理學家 Prochaska 和 DiClemente 提出「行為改變的跨理論模式」（transtheoretical model of behaviour change）。目前現有的理論模型大都只留意到影響改變發生的生物性或社會性面向，學校對湯尼的在校行為所採行的「刺激—反應」生物性模式，就是一個例子。Prochaska 和 Di-Clemente 廣納各種理論，擷取當中的一些關鍵面向，建構出一個全方位探討改變的理論，儘管該理論的某些部分仍有爭議，特別是他們主張改變有其階段性（Prochaska & DiClemente, 1983）。2003 年，DiClemente 發表了《成癮與改變》（*Addiction and Change*）一書，裡頭巨細靡遺的探討該模式如何應用於研究和臨床工作上。其概念是：一個人在真的付諸行動並能貫徹一項改變之前，就已經努力嘗試過許多次。如果他沒有成功，可能是因為缺乏知識、根深柢固的慣性，或者計畫不明確，故難以投入。這和我跟湯尼的工作有什麼關係呢？湯尼多次企圖要努力改變自己的行為，所以我們是按照他的需求為他量身打造計畫的。之前幾次企圖要改變他但卻徒勞無功，就是因為過去預設了湯尼是抗拒且缺乏改變動機的。「懲罰可以化解抗拒並啟發動機」這種想法是相當錯亂的，在經過數月嘗試後，多次宣告失敗，不僅沒有帶來原本預期的改變，也沒有改善湯尼的行為不檢。因為改變如此困難，而就我們所知湯尼不曾提到任何計畫，我們確定他的行為應當是一種慣性。

Prochaska 與 DiClemente（1983）跨越心理學、生物學、社會學等不同學門的疆界，重新將人類行為的複雜性予以概念化。他們提到兩個在行為改變的理論中經常被忽略的面向：改變是個橫跨時間向度的歷程，這個歷程並非線性。行為改變有它的速度，經常旋風般的快閃出場，經過一段時間的沉寂，又落回之前的行為模式，就像我遇到的案例情節一樣。「解決式支持」的發展歷程，正如同以上描述的改變歷程：進展迅速、找出並強化已經成功的行為、容許適應所需的時間。這邊，我只會特別強調跨理論模式包含了 Albert Bandura 發展於 1970 年代末的自我效能理論（self-efficacy theory），我在下一章會進一步討論兩者之間的關聯。

這樣的理論思考對身為老師的你有何意義呢？我們的思維模式一直被「非教育工作者」所支配，但我們可以眺望校園牆桅之外，獲得專業與實務上的增進，建立我們自己的教育改變理論模型。了解到你可以從教育的視角，發展自己看待行為與行為改變的觀點，是非常重要的。改變的跨理論模式揭示了跨越界域可以帶來的成果。晚近如 Kinderman（2014）所建議，我們不要再拘泥於以生理疾病解釋心理痛苦的「疾病模式」（disease model），而要轉身擁抱心理社會取向對心理健康的認識，體認我們共享的核心人道精神。然而，儘管理論上有這麼多發展，校園風氣依然保守如舊。不論我們要為「疾病模式」還是「社會心理模式」背書，或是將兩者都擱置一旁，推行「焦點解決教學法」改變模式的重點是去理解：我們的選擇會為自己及學生帶來什麼後果？我們需要更了解不同改變模式的可能性與限制，以及它們在教育上的啟示。

評析

你可能有聽過「注意力缺陷過動症」（ADHD）這個詞。儘管我們不清楚其成因，這種導致無法專注、過度亢奮、衝動性高的大腦狀態，常見於學齡期的兒童，對當事人的一生、生活各個面向，都會造成影響。診斷有 ADHD 的學童通常會被予以高刺激性的藥物治療，如利他能等。這種藥在沒有處方箋的情況下，是被歸類為「A級」藥品。

2007 年，英國開出 420,000 張的利他能處方箋，2012 年更提高至 657,000 張。《英國醫學期刊》（*British Medical Journal*）登出一篇文章，指出 ADHD 的臨床診斷標準不斷的擴張，已經成了兒童最常見的行為失調問題（Thomas et al., 2013）。2009年的數據指出，英國6到8歲的兒童中有1.5%被診斷為 ADHD；美國5至9歲間的孩童則是有6.3%，4 到 17 歲之間的比例更高達 11%。一般來說，ADHD 沒有輕微和嚴重之分，有些人因此認為，在許多情境下，ADHD 應該被視為一種發展性議題而非精神疾患。

身為老師的你會如何看待這些數據呢？遇到班上有學生不專心或過動時，你會怎麼做？Thomas 等人（2013）提到，英國「國家優良健康照護機構準則」所推行的「階段式取向」建議，應當優先採用心理治療，其次再考慮藥物治療。但這個建議在判斷治療的需要上依然採用了醫學的定義。或許可以先從教學法著手行動，好比在教學上用「解決式支持」來處理注意力不集中或過動的議題，目前在我的工作上是管用的！

結論

學生違規，時而有之。人類社群需要一些普遍性的規則來劃定行為界線，因此出現這類情況時，我們勢必要採取一些行動。在校園中，多數學生對於一般的規則大都能遵守，否則校園就會亂成一團。你若仔細觀察就會發現：學生在一天中從此處移到他處，一個活動接著下一個，大都能循規蹈矩。即便他們不小心踩線，通常只要一個微笑、一句話，就能撥亂反正。有些學生為了測試界線是否存在而故意踰越，但只要你輕輕指出，他們立刻就會循規蹈矩。對學生來說，知道有些規則有商討空間，但有些則不容質疑，這是很重要的！比方說，許多學校會規定學生的服裝儀容，有些學校有一定的彈性，允許高年級生有自行選擇的空間，有些可能嚴格規定並執行。其他規則像是嚴禁攜帶任何尖銳器物到學校，這反映了該地區校園外的生活樣貌。

身為一個新手教師，你要有信心目前你所具備的知能可以有效的運用在多數的學生身上。如果現階段你還需要更多的引導，可以參考 Bill Rogers、Sue Cowley 等人的著作，當中有不少指引與提點，此處我就不加贅述了。但本書主要關注的面向和前者不同。有些學生因為不清楚規則，或是生活中冒出其他事情吸走了他們的注意力，校規往往就在此時進場，搬出學校能給的協助以及不同程度的懲處，用以馴服違規學生的行為。只要這些策略管用，學生就會安分守己的待在學校，把握各種學習機會。說到要如何讓學生乖乖聽話服從，行為專家從不缺少意見！

像湯尼這樣，讓校方試遍所有明文辦法卻依然不見效的孩子，有的最後就會遭到從當地學區開除學籍的處分。其實只有非常少數的學生，會去抵制所有企圖協助或馴服他們的行動。但是當我們使用的策略不管用時，就會對學生造成很大的影響。有些孩子比同齡的孩子更容易表現出干擾和不可欲的行為，因而遭到永久開除的處分。這些學生中，有許多人和湯尼一樣，有身心障礙或其他特殊教育的需要，也有的被地方政府安置於寄養家庭裡。

對老師而言，在嘗試確保這群孩子能融入校園的過程中，我們常常容易對自己的角色感到困惑。有些學生的確有某些疾患或障礙，若能盡早辨識出他們所需要的醫療介入，並給予適切的協助與治療，自然是再好不過了！我們可以先使用焦點解決取向來協助他們，若回顧進展時發現之前的介入並不管用，就可以向外轉介給學校裡的其他支持系統。但是對於那些還在摸索自己與世界的關係，而在此歷程中難免犯錯的孩子，「解決式支持」就是個可行且實用的教學途徑，來幫助我們真正引導出有用、正向的改變。

參考文獻

Ackerman, S. and Hilsenroth, M. (2003) 'A review of therapist characteristics and techniques positively impacting the therapeutic alliance', *Clinical Psychology Review*, 23: 1–33.

Ajmal, Y., Rees, I. (2001) *Solutions in Schools: Creative Applications of Solution Focused Brief Thinking with Young People and Adults*. London: BT Press.

Beck, A. T. (1967) *Depression – Clinical Experimental and Theoretical Aspects*. New York: Harper and Row.

Davies J. (2013) *Cracked: Why Psychiatry is Doing More Harm Than Good*. London: Icon Books.

de Shazar, S. (1985) *Keys to Solutions in Brief Therapy*. New York: Norton.

de Shazer, S. (1988) *Clues: Investigating Solutions in Brief Therapy*. New York: Norton.

Department for Education and Skills (DfES) (2005) 'Primary strategy'. Available at: http://webarchive.nationalarchives.gov.uk/20130401151715/www.education.gov.uk/publications/eOrderingDownload/DFES0110200MIG2122.pdf (accessed 1 May 2015).

DiClemente, C. C. (2003) *Addiction and Change: How Addictions Develop and Addicted People Recover*. New York: Guilford Press.

Dweck, C. S. (2006) *Mindset: The New Psychology of Success*. New York: Random House.

Freiberg, H. J. (2002) 'Redesigning professional development', *Essential Skills for New Teachers*, 59 (6): 56–60.

Funnell, S. and Rogers, P. (2011) *Purposeful Program Theory: Effective Use of Theories of Change and Logic Models*. San Francisco, CA: Wiley.

Goldacre, B. (2013) 'Teachers! What would evidence based practice look like?' Available at: www.badscience.net/2013/03/heres-my-paper-on-evidence-and-teaching-for-the-education-minister/#more-2849 (accessed 1 May 2015).

Hargreaves, D. (1996) 'Teaching as a research-based profession: Possibilities and prospects'. Teacher Training Agency Annual Lecture 1996, London.

Hargreaves, D. (1999) 'Revitalizing educational research: Lessons from the past and proposals for the future', *Cambridge Journal of Education*, 29: 239–49.

Kinderman, P. (2014) *A Prescription for Psychiatry: Why We Need a Whole New Approach to Mental Health and Wellbeing*. London: Palgrave Macmillan.

Lambert, M. J. and Barley, D. E. (2001) 'Research summary on the therapeutic relationship and psychotherapy outcome', *Psychotherapy: Theory, Research, Practice, Training*, 38 (4): 357.

Mahlberg, K., Sjoblom, M. and McKergow, M. (2005) 'Solution Focused Education'. Available at: http://sfwork.com/pdf/sfeducation.pdf (accessed March 2015).

McIntyre, D. and McIntyre, A. (1999) *Capacity for Research into Teaching and Learning: Report to the Programme*. Swindon: ESRC Teaching and Learning Research Programme.

Murphy, J. J. (2008) 'Solution-focused counseling in schools'. Based on a program presented at the ACA Annual Conference & Exhibition, Honululu, HI. Available at: http://counselingoutfitters.com/vistas/vistas08/Murphy.htm (accessed 3 November 2015).

Prochaska, J. and DiClemente, C. (1983) 'Stages and processes of self-change in smoking: Toward an integrative model of change', *Journal of Consulting and Clinical Psychology*, 5: 390–95.

Rae, T. and Smith, E. (2009) *Teaching Tools: A Solution Focused Approach for Secondary Staff and Students*. London: Optimus Education.

Ratner, H. and Yusuf, D. (2015) *Brief Coaching with Children and Young People: A Solution Focused Approach*. London: Routledge.

Simons, H., Kushner, S., Jones, K. and James, D. (2003) 'From evidence-based practice to practice-based evidence: The idea of situated generalization', *Research Papers in Education*, 18 (4): 347–64.

Steer Report, The (2005) *Learning Behaviour: The Report of the Practitioners' Group on School Behaviour and Discipline*. London: Department for Education and Skills.

Stromberg, J. (2012) 'What is the Nosebo effect?' Available at: www.smithsonianmag.com/science-nature/what-is-the-nocebo-effect-5451823/#KOfiLE4jEiQEhZMq.99 (accessed March 2015).

Thomas, R. Mitchell, G. K. Batstra, L. (2013) Attention deficit/hyperactivity disorder: are we helping or harming? *British Medical Journal* 347:f6172-2.

Thoreau, H. D. (1995 [1854]) *Walden: Or, Life in the Woods* (Dover Thrift Editions). USA: Dover Publications Inc.

Wiliam, D. (2007) 'Changing classroom practice', *Educational Leadership*, 65 (4): 36–42.

4

在實務工作中發展自信

閱讀這一章的內容，讓你有機會可以：

- 思考什麼能影響你身為教師的自信
- 探索你在行為議題上的自信程度
- 想像一年內，你希望你的自信能成長多少，為了實現這個目標，你的第一步會是什麼
- 投入專業發展的過程將逐步帶領你在課堂中獲得自信與成功

新任教師[1]一致認為在行為管理的實務工作上，他們需要更多支援與協助（Powell & Tod, 2004）。2008 年，根據「經濟合作暨發展組織」（Organization for Economic Co-operation and Development, OECD）的報告指出，有三分之一的新手教師認為自己無法有效管理學生紀律及行為問題，他們需要訓練和協助。

當你剛開始你的教學生涯時，為了你自己和學生好，你能有自信、有明確目標以及有效能感是很重要的。在這裡，我們探討的主題是如何有自信的管理課堂行為。辨識什麼事情進展順利，以及在什麼情況下事情可以

1 新任教師（newly qualified teacher, NQT）在英國是指已經取得教師資格，但尚未完成一年就職培訓的實習老師。

有效改變，藉由這些行動逐步發展你的實務工作，同時幫助你在當中獲取成功、享受教學過程並充滿自信。

包括教育、工業、商業、運動、心理治療和醫療等許多專業領域，有一項促進個人及專業成長發展的新取向正迅速擴展。這個取向特別關注發展成功、優勢和資源，對比過去傳統聚焦在失敗經驗上的試誤取向（trial and error），新取向展現出一種完全不同的變革。你可能會看到它被簡稱為「優勢能力取向」（strengths approach）、「焦點解決取向」（solution-focused approach），或「焦點解決教練」（solution-focused coaching）。就學校內的學生行為來說，我稱之為「解決式支持」（solution-support）。

練習

假設你能善用自己的優勢能力，並且你注目的焦點是成功以及對未來的希望，這時候有人前來向你尋求協助，那可能只是一個非常小的問題，也可能在當下看起來微不足道。

- 你會給他們什麼樣的回應？
- 你當時是基於何種信念和價值來進行這項協助工作？

回饋的影響力

Hattie（1992）發現，教師給予學生回饋是提高學生成績的最有力因素。其後，他在書中指出自己在定義教師**給**學生回饋的這種說法是不對的。這個過程必須包含**從**學生而來的回饋，顯示他們的投入狀態，以及他們具備的知識和理解程度。當雙向溝通成立時，教學和學習狀況都會變得更好（Hattie, 2009: 173）。

解決式支持的核心要素認為回饋會對學習產生強大的影響力，回饋將學生定位為自己學習和成長的積極原動力，而不只是一個被動接受訊息及建議的人。回饋，讓學生擁有一定程度的控制力，並教導他們成為負責任的變革者。學生覺察自己能掌控學習進度，這會影響他們在學習和改變上的動機（Hattie, 2009: 47-49），反之，逐漸增加從教師而來的外在控制，則會使學生的內在動機日漸削弱。

反思

- 就你所知，對一位正嘗試改變自己行為的學生來說，從外而來的管教與規定對於他的自我動機（self-motivation）會產生什麼影響？

現階段，在你專業發展中的一項重要課題，是培養以自信態度面對學生的行為。身為一位正在學習如何教學的實習老師，掌握你自身的學習經驗是大有助益的，這會增強你的內在動機。學生們同樣處於經歷成長與發展的過程，你個人所體驗的成長過程會讓你對他們的感受產生更深的共鳴。

實證為憑（evidence-informed）的專業發展

在 Wiliam（2012）深入審閱教師發展的相關實證研究後，他認為依序處理以下兩項發展性的問題最為有效：

1. 內容：任務是什麼？
2. 歷程：我該怎麼辦？

身為一位新手教師，你所面臨的任務是在處理班級行為上增強自信，讓自己在進行教學時能更得心應手。班恩是一位新任教師，他曾苦惱於如何改善班級中的學生行為，但卻在過程中喪失自信。不久後，我被邀請來幫助他。這又是一個「解決式支持」的實際運用例子。隨著故事的開展，你可以同時記錄什麼讓你感興趣，什麼讓你覺得好奇，還有相較於班恩，你自身的經歷又是如何。另外，針對每段談話中所蘊含的意圖寫下你的想法。以下這份問卷格式是「解決式支持」通用的，當你閱讀這個故事時，就像進行一次深入的實境觀察，學習這個方法在實務中如何運作，同時也是一項對你的工作有益處的示範。

練習

在你的筆記本上畫出兩條量尺。第一條是為了評估目前的狀況，你會把自己放在哪？

1 ………………………………………………………………………………… 10

班級行為令我擔心　　　　　　　　　　我不擔心班級行為

從現在開始過了一段時間之後，你希望可以在這個量尺上的哪個位置？

1 ………………………………………………………………………………… 10

擔心　　　　　　　　　　　　　　　　不擔心

你正在這個量尺上的任何一個位置（除了 10 以外），你可能會去做些什麼不同以往的小小改變，以幫助你更接近 10？

案例：建構自信

我曾在一所國中擔任行為輔助教師，每週去半天，長達好幾年。有一天，我依責向副校長簡要報告目前在校的工作情況，他問我：

副校長：解決式支持取向運用在成人身上，是不是跟孩子一樣有用？
我　　：沒錯，是一樣的。
副校長：我們來了一位新任教師，他對班上的行為問題很頭大。他說，他甚至考慮是否就此放棄教職。我們盡可能的支援他，但是情況並未改善。我想問你是不是可以幫幫他？

這位新任教師是班恩，副校長要求我先在他的課堂上做隨班觀察，他的確在管理班級行為上有困難。副校長安排了代課老師，以便於班恩和我在課堂觀察之後能有一對一的討論時間。我向副校長說明，通常我對課堂觀察的有效性抱持存疑，不過既然這對班恩有用，所以這次我會用焦點解決的方式進行觀察。我將取得班恩的首肯後再跟他一起進入教室，稍後一同討論並提出建議。

幾天之後的一個早休時間，我在教職員辦公室遇到班恩。他說副校長已經概略向他說明我的工作取向，他提議我可以觀察他所選擇的授課班級，但是他不知道這是否會對他有所幫助。他對整件事情發展至今覺得很失望，他來這裡教書是因為他想要傳遞他對歷史的熱愛，但現在他只想放棄。

班恩帶有很重的地域性腔調。他認為這絕對是最主要的問題，因為學生們聽不懂。他甚至曾試著找語音老師幫忙矯正他的鄉音，但卻未能成功。我告訴他，我注意到儘管班上那些事情都很棘手，但他仍有熱忱並抱著希望，想要試著盡自己最大的努力。

我問有哪一次班上同學的行為沒有影響教學且課程進展順利，他很快在一堆令他沮喪的困難中發現一個例外。我請他告訴我是什麼讓事情有所不同，哪些是管用的方法。我問他：

我：你在班上做哪些事促成了這次的成功？

我感到好奇，並且想知道他是如何描述自己的優勢能力及可用資源。他想起一些事情，然後我們對此進行幾分鐘的討論。

我　：那麼，說說看其他也挺順利的時候是怎麼樣的呢？
班恩：其他時候？

他回想起一些在不同班級中的成功經驗。

我　：如果你真的希望我進入你的教室，我會留心觀察什麼有用，同時也會做些紀錄。我們可以在之後立即討論。我們就這麼進行，你說好嗎？

班恩：好啊。

我安排下一週進入他的課堂。當我在走廊上等著課程開始，學生們噹啷作響的進入教室並找位置坐下。說話聲此起彼落、叫喊聲遍布整間教室，還有些學生望著窗外。班恩一開始在白板上寫課程目標，但是當學生都坐定時，他突然停下筆，然後在教室內四處走動。那個時候，我正坐在教室後面。他簡單的介紹我是一個進行課堂觀察的老師，然後繼續在白板上寫完剛剛的課程目標。學生們開始聊天，然後他提高聲量請學生保持安靜以便開始上課。

下課鐘聲響起的前幾分鐘，他在課堂上回顧了學習目標，學生們又開始噹啷噹啷的發出聲響。

我們坐下來討論剛剛發生了什麼事。

班恩：不太好，對吧？他們進來的時候沒問題，但之後他們就開始聊天。那個時候，他們就很難聽到我的聲音。

我　：嗯。當我們計畫這次晤談時，我提到我會留心觀察找出什麼是有用的方法。在課程一開始時，你注意到哪些情況還不錯的事？

他花了一點時間思考。

班恩：對了，從學生進入教室後，他們確實有安靜下來，只有在我寫白板的時候，他們才開始講話。所以一開始準備上課的那段時間是沒問題的。

我　：我也留意到這一點。那麼，身為教師的你做了什麼事情讓情況變好呢？

班恩：嗯，我知道當學生進來時，我在教室裡繞一圈可以幫助他們進入狀況。我一直都是這麼做的。

我　：所以一開始當他們預備進入上課狀態時，你在教室裡走一圈對學生是有用的，而且這成為一項例行程序，是嗎？

班恩：是的。

我們仔細討論，他在教學過程中所帶入的優勢能力和可用資源。我沒有給他任何建議，我做的筆記只是幫助回憶整個過程，而不是用來分析。我的角色是引導探索。我們的對話持續了15分鐘。

我邀請他評量自己在教學中的自信程度，10是「相當好可以繼續」，而1是「放棄」。他把自己放在6的位置，如果他真的幾乎要放棄，他可能會把自己放在更接近1的位置。我問他，是什麼讓他知道自己已經在6的位置，隨後他想出幾個也進行得相當順利的情況。

用焦點解決的術語，這叫作「晤談前的改變」（pre-sessional change）。班恩已朝著他最期待的方向發生轉變，甚至早於我們見面討論是否要進行觀察回饋的會議之前。這在支持工作上是很常見的現象；就在我們碰面安排晤談之後，既然班恩想要做些改變，何不馬上行動？

我：你希望之後停留在6的位置，或者可能有些改變？

他說他希望可以改變，我問他在一個月內，哪裡可能是他所在的位置。他說「8」。

我　：為了往8邁進，下次上課時，你可能會做出什麼與以往不同的小小改變？

班恩：在學生進入教室之前，先把學習目標都寫好在白板上。

在我們差不多要結束時，我提出兩件需要班恩做的事情：讚美和任務。首先是讚美，我請他讚美自己。他為此想了一兩分鐘。

班恩：即使事情已經很糟，我仍然沒有放棄。

我　：這麼說來你是一個從不放棄的人，你會不停嘗試直到事情有所改變？

班恩：是的。

我　：我想讚美你，你邀請我和你的班級一起處理這個困難的局面。這是因為你有足夠的自信，你覺得是這樣嗎？

班恩：是的，我想可能是。

我　：最後一件事是給你一個任務：關注那些進展順利的事情。留意什麼對你是有用的，還有你在量尺上的哪個位置。例如：此時此刻，你可能會把自己放在量尺上的哪裡？

班恩：有前進了那麼一點點，可能接近7？

我　：前進了那麼一點點。好的，非常謝謝你，班恩。祝你教學順利。

當我們結束時，我提醒他如果需要再次晤談，可以請副校長聯繫我。而這之後，我再也沒有收到通知。

過了六個月，在一次例行性的拜訪中，我看見他在一間擠滿人的教職員室裡，我們隔著辦公室遙望，互相點頭並微笑致意。副校長也在那，我問他後續進展是否順利。他說，班恩已經積極的在準備新學年了。

練習

回想一下，在你所任教的班級裡可能已經出現的行為問題，你藉此機會做了一些有創意的改變而後情況好轉。請寫下來，然後再想另外四個其他場合，同樣在你做了一些改變之後，結果非常順利。請將這些一併記錄下來。

在你的筆記本上畫一條量尺。對於現在事情的進展情況，你會把自己放在這條線的哪個位置呢？

1 ………………………………………………………………………… 10

我擔心　　　　　　　　　　　　　　　　　　　　　　我不擔心

在一個適當的時間，也許一個月之內，回到「我擔心／我不擔心」的評量問句，檢視自己的所在位置，什麼是正在發生的，還有什麼是你可以做的一些小小改變。

為什麼要採用焦點解決取向解決問題呢？

班恩和我一起進行的晤談是關注什麼有效。當問題發生時，尋常的作法是讓問題本身變成關注焦點，然後去找出哪裡行不通。班恩之前若是尋求一位問題導向的專家協助，他可能會被詢問一連串像這樣的問題：

「出了什麼問題？」

「這問題是從什麼時候開始的？」

「多常會發生一次？」

「你對此感覺如何？」

「到目前為止，你曾經試過什麼方法來克服？」

專家要求知道問題的細節，是為了確認造成的原因。他們檢查各種已經試過但失敗的方法。為了消除問題，他們以專業知識提出策略讓你試用，再依結果來確認或推翻他們所猜測的觀點。如果問題消失，那就皆大歡喜。但如果問題依舊存在，他們則會建議試試其他方法。

我和班恩的晤談是採用「焦點解決」取向，而不是「問題導向」，我們尋找成功的跡象，找出什麼管用，並往未來的問題解決之道邁進。

在我第一次和班恩晤談前，我們盡可能遠離教室，他一開始就跟我說明問題、發生原因以及他的解決策略。他很自然的認為我們會仔細查看問題，在此同時，他幾乎斷定問題嚴重到就要讓他崩潰的程度。他越來越不相信自己有成功的能力，如同失去了自我效能。

根據 Bandura（1994）的理論，低自我效能感的人會呈現幾項共同的特徵：

- 逃避被他們認為是構成個人威脅的困難任務。
- 他們志向微小，而且對於自己所選的目標並未全力以赴。
- 當面對困難任務時，他們只注意自己的缺點以及將會遇到的障礙，並認為自己可能會被擊敗。

- 他們習慣性的認為所有事情都會失敗，而非專心致力於在過程中成功的完成任務。
- 他們付出較少的努力想獲取成功，在面對困難時卻很快就放棄。
- 在經歷一次失敗或挫折之後，他們很慢才能恢復自我效能感。
- 一次很小的挫敗就會讓他們對自己的能力失去信心，認為自身的不足是造成表現不佳的主要原因。
- 他們容易感到有壓力並且覺得沮喪。

反思

- 對照上述所列的特徵，在我們一起晤談之前與之後，班恩有何改變？
- 你如何解釋這快速變化的原因？

班恩的上司和他自己都曾告訴我，他可能會放棄，因為他覺得自己是失敗的。他認定造成失敗可能是某些個人因素，例如：他天生說話的腔調。但後來證明他的潛力仍在，藉由關注那些正在發揮作用的細微小事，他將自己的注意力從失敗轉到成功，以不同方式思考他與問題之間的關係。有諸內必形諸外，當他以失敗為主的思維方式減弱時，以優勢能力和成功為中心的心智圖（mind map）就能恢復，並且變得更為活躍。

當出現某個問題時，如果你思考並討論它，問題似乎就會擴大而且變得更為嚴重。即使只是習慣性的擔心，也許根本就沒發生，但你可以想像並說服自己那些情況真的存在，然後漸漸的就變得事關重大。你想越多，它越嚴重，相對應的心智圖也會被大幅激發。

反思

大部分我們所擔心的事情都從未發生。回想你第一次進教室的經驗：前一天晚上，什麼事情讓你擔心？回想從星期一早上你踏出家門去工作開始，一直到你走出教室門口為止。如果真的有些事情在你第一週的第一堂課就陷入困境，那很可能是一些意料之外的情況。身為老師，在你心裡必須同時思考很多事情，大部分都得以順利進行，有些可能會出差錯。你試著能全盤掌控你的計畫。如果你只關注在困難和失敗的經驗上，很可能會覺得這些問題就像一堵牆，而不想集中精神並奮發努力的去克服挑戰。反之，你可以思考哪些情況已經有所好轉，憑藉著自身的努力和技能，你做了一些相當困難但能引出好結果的事情，如此會讓你一整週都有所不同。你很自然的會決定哪些是有價值的事，因為不花什麼努力就獲得的成功也不太重要。如果你想在未來一週試試這個方法，請注意後續的結果並記錄在你的筆記本上，之前所想像的擔心就會消失。當你走進教室，你思考著你的教學計畫並好奇後續將如何發展。誰知道會發生什麼事呢！你可能要讓你的學生一同參與。如果你能在星期天找出 20 分鐘，請試著做做看。

班恩已經選擇性的注意到什麼事情出了差錯，並且開始認為自己無法勝任。他重複錯誤，直到得出結論：他不是當老師的料。當他再度注意到他的成功經驗，他恢復了潛在的自我效能感。對照前面 Bandura（1994）所列出的那些特點，再以你現在對班恩的認識逐一檢核，就能明顯看見他已然有所不同。

我晤談過各種年齡層的人，即使處在各種不同的情況之中，他們同樣覺得自己好像深陷毫無希望的困境裡，變得越來越沒有自信，也懷疑是否能依靠自身能力做些改變進而得償所願。在我擔任輔助教師的初期，我只知道如何使用問題導向來解決問題。我站在一個行為專家的位置，搜集資訊、分析問題、界定原因並建議補救方法。很多時候，我覺得自己也陷入窘境、無計可施。甚至有時候，當學生的問題複雜度超過我的專業，我想試著幫忙但卻沒法讓事情變得更好。不過這只是專業上的不足，這種情況反而激發身為教師的我，持續不斷的探索確實有效、正面直接且合乎倫理的工作方法。

關注解決之道

我認為，我所尋找的就是焦點解決取向中的解決之道：解決式支持。這是我用來和那位歷史老師班恩以及他的問題一起工作的取向。透過高度重視他所擁有的資源與能力，以及因其自身實力所帶出的成功行動，「解決式支持」有條有理的阻擋問題式的心智圖及相關失敗經驗，並且拒絕讓這些主導了整個晤談過程。

改變班恩對自我能力的觀點，其證據是發現先前沒被注意或沒被強調的成功亮點，成為一位從「大部分都失敗」往「有時候會成功」的教師邁進。搜尋這些亮點的細節讓班恩重建自己的故事——「班恩：勝任的教師」。當他回想起他的優勢能力及可用資源，同時也點燃這些成功的亮點，他漸漸覺察到自己有能力並更有自信。這是一個回饋的循環，在哪裡注意到成功，就在那裡建立成功。透過阻擋失敗的心智圖，班恩越發容易獲得成功的心智圖。以「用進廢退」的原則來說，越是在晤談中探索成功的亮點，這個心智圖就會變得越強大。相反的，失敗的心智圖就會日漸衰退。在班恩的例子中，這個進程非常快速，我工作的這幾年一再的見證像這樣從失敗到成功的快速躍進。一開始，這看起來像是一場不太會有結果的簡短談話，但之後我相信改變就要發生，因此我可以自信放鬆的處理那些先前看起來像是卡住的問題。

Bandura（1994）提到具有高度自我效能覺察的人，其特質是傾向選擇那些能發揮自我潛能的任務，並且將任務所附帶的要求當作是一項有趣的挑戰。他們不輕易放棄，事情越困難，他們會付出越多的努力，對保持自我掌控感的能力深具信心。如果他們失敗了，他們會認為這只是暫時的，並將此視為能獲取更多資訊或培養其他技能的有益助力，為下一次機會預做準備。帶著這種觀點的人，通常會在他們著手進行的工作上獲得成功，即使沒有成功，他們也具備從挫折中站起來的韌性，準備接受新的挑戰。

讓我們來回顧班恩的經驗，透過某些逐漸浮現的跡象可以看出他身處的複雜思緒，例如：在覺察自我效能低落時考慮放棄，在感覺自我效能良好的時候繼續面對困難。在經過一番掙扎之後，他準備再次努力但沒有成功。儘管他提到要放棄，但是事實上，從他每天都踏入教室的行動中已展現了韌性，而且在我們簡短的晤談後，他真的從挫折中重新振作。儘管他在課堂上的表現並非完美，但是他的高自我效能心智圖發展健全，他能重新看見自己的優點及成功。以我長期進行焦點解決晤談的經驗來看，邀請他檢視在晤談前、中、後的成功事件，我知道這會是一個強化他成功心智圖的好機會，也同時削弱有問題的心智圖。

身為一位新手教師，你將發現不同層面的工作挑戰，例如：眾所周知的行為問題已成為許多新老師的困擾，就像班恩那樣。自我效能感強的人能更好的因應適度的挑戰，並在改變歷程中更具韌性。我們再整理一次，具有高強度自我效能感的人，其特徵為：

- 他們為自己設定明確的目標，處理困難的任務就像接受挑戰，而不認為受到威脅，然後逃避。
- 即使他們在執行任務時已經傾注全力，他們仍會持續加碼並繼續努力。
- 如果失敗了，他們會快速的恢復自我效能感，如果目標仍然有意義，他們會藉由增加技能和知識以進行新的嘗試。

（Bandura, 1994）

哪些因素會影響自我效能，以及哪裡是「解決式支持」可以著力的地方？解決式支持關注成功、已發生的問題解決方法、可用資源與優勢。當一個人意識到他們曾有過成功經驗，並且擁有專業能力可因應所面對的挑戰，這些都能有效的提升自我效能覺察，進而改善自身表現。許多因素會影響一個人的自我效能感，其中最重要的是擁有專業知識的覺察，這是

Bandura（1994）所指稱的「專家經驗」（experience of being expert）或「精熟」（mastery）。除此之外，他還提出其他幾項要素：「模仿學習」（modelling）、「社會性勸說」（social persuasion）以及生理與情緒（physiology）的促發因素，在簡短回顧這三項之後，我們再接著深入談談什麼是「專家經驗」。

模仿學習

當我們看到某個人成功完成某項任務時，我們的自我效能感也會增加，反之我們看見有人失敗了，那麼我們的自我效能感則會降低。對某些尚未注意到自身能力的人來說，這是一種溫和的感染力，以下我們將以某個學生在課堂中落入失敗循環的例子做為說明。當人們感覺到我們所模仿的成功與自身經驗相似，則影響力會加乘。同樣的，學生會看見你在某些方面與他們自身有相似之處，這會成為他們在能力和自我效能方面的楷模。

反思

- 你是一位總是知道答案的老師，抑或有時候你和學生一樣感到困惑，你會跟他們分享這些經驗嗎？
- 你是否會跟學生談論那些不確定的事情，並且試著跟他們一起找出答案？
- 你是否會跟學生討論你認為有些學習可能是滿辛苦的事，並解釋為什麼仍然必須去做？
- 你是否採用焦點解決取向去處理已出現的問題，並且像是偵探那樣去研究成功經驗？
- 你是否有機會開放教室，並與其他老師共同討論有關成功經驗及未來所期望產生的變化？

社會性勸說

來自別人的鼓勵或挫敗會影響一個人的自我效能覺察。打擊某人使之灰心喪氣的行為會降低他的自我效能感，這比起鼓勵所帶來的增強效應具有更大的影響力。如果懲罰某個學生是希望阻止他們違反規定，那麼最好還是先考慮一下後續所帶來的影響。

反思

在你知道低自我效能將會如何影響學生未來表現的前提下，如果你想讓學生知道自身行為失當，那麼，在眾人面前公開處理以維護正義的預期效益，以及冒著可能讓學生喪失自我效能的風險，兩者哪個更為重要？當然，這也得同時評估風險並考量學生自己與他人的安全。

- 處罰學生，這對你身為老師的自我效能覺察會帶來什麼影響？
- 當你了解自我效能後，取而代之你會如何帶入學習與轉變？

生理與情緒感受

你剛踏入教職生涯，可能會經驗到一些因生理或情緒所帶來的影響。想像以下這個情境你所體驗到的感受：雖然你課前準備工作都已就緒，但當你意識到所有學生的目光正都注視著你，你就如同站在聚光燈集於一身的舞台上。回到我自身的經驗，我還記得那時我是一個新手教師，當我走進教室，實際上我根本無法控制那些學生，他們太吵、動來動去、唧唧喳喳的聊天並大聲叫喊。我是那麼精心的設計這堂課，有合適的目標、準備好所有的教材，所有計畫都已備妥。但當下我覺得生氣和沮喪。我轉向白板佯裝要寫點什麼，我做了幾次深呼吸，徹底思量當前所有的策略選項以及我要如何撐下去，接著我轉身面對教室，放下白板筆，然後坐下，我把手放在自己的大腿上，不說話。不消幾分鐘，整個教室就安靜下來。當中有一個學生問我，是不是要開始上課了。我表示同意，但就只對她一個人開始講課，因為她已經準備就緒。我們起了一個頭，其他人陸續加入，他們全都擠在講桌旁。我們像這樣圍著講桌上完整堂課。在這所學校裡，學生們都有情緒和行為的困擾，我的工作是帶著大家沉著冷靜的解決當前的問題。我不知道我是怎麼辦到的，但是結果顯示比起當下盲目的做些什麼，先冷靜思考反而是一個比較好的選項。我後來將這個概念寫入研究報告中，有時候什麼都不做反而是比較好的作為（James, 2007）。如果在一個高壓力的環境裡，你已經察覺到自己的生理或情緒感受，這是可能會出現的正常反應，用你自己的方式撐住。或許，你甚至可以微笑讚許自己的沉著機智，這將使你提升自我效能的覺察力，也可以向學生證明，你是面對困難任務時的成功模範。

反思

如果你經驗到這些自然湧出的情緒與感覺，對你來說什麼是最有效的？

回想過去某次經驗，那時的你正處於不堪負荷的景況，取而代之的是你不著急，恢復你的冷靜，然後繼續前進。接著，你可以做更多的事。

做決定

在做決定的過程中，有許多利害因素會影響人們的行動。許多領域都有相關研究，包括商業、組織行為、心理學、體育、音樂及其他專業且具創意性的工作等，這些研究展示出人們是如何做決定：一個真正不同凡響的決定。在 Daniel Kahneman 所著的《快思慢想》（*Thinking Fast and Slow,*

2011）[2] 中，提到一項非常值得參考的詮釋。身為新手教師，做決策和你息息相關，如同本書書名的底蘊，你思考著發生在班級內的各種行為以及你對此應負的責任。

在本質上，存在著兩種有趣的決策歷程。一是自動、快速且毫不費力就能採取的行動，用來直接回應那些發生在你身邊的事情。這個歷程不挑選、分辨各個選項，而直接採用最容易被執行但卻不一定是最好的那個決定，它可能會造成時近效應[3]、易取資訊[4] 和習慣性等等的認知偏誤。另外一項則是受到監控的思考歷程，比較慢且較為費力。如同 Kahneman（2011）所述，它容易讓人疲累而後屈服於較不費力的自動化歷程。「慢想」是一個在完成目標之前都保持穩定的決策過程，用以決定要執行還是要放棄。這個被掌控的歷程整合並監督以下幾件事，諸如：目標是否恰當、哪些是相關訊息，以及什麼不該採納等，同時也阻擋不合適的策略與習慣。

我們的行為總是被自動化歷程所支配，特別是當受到監控的決策過程中，因被下了太多指令而精疲力竭時更是如此。任何領域的專家會運用兩種思考歷程一起工作，這會做出快速、精確且在掌控之中的決定。如果你觀察一位經驗豐富又熟練的老師，當他們在自己經營妥善的班級中工作時，行雲流水般的運作如同自動化一般毫不費力。然而，這需要耗費時間和努力來培養自身的專業能力。在可以完全掌握之前，新手教師常仗著自動化且衝動的訊息處理方法，仰賴或許根本不合適又沒效果的舊有習慣，最終這些會導致做出糟糕的決定。所以，問題在於你如何能提升這個受你控制的歷程，使之凌駕於自動化歷程之上。如果這容易讓人疲累且過於沉重，那麼可從以下幾個面向關注你自身的行動來減輕負擔：哪些是重要且能在短期或中期之內完成，採用有系統的方法來選擇你的目標，並且留意可能出現的認知偏誤和習慣。這聽起來是否像以焦點解決為主的思維方式，以及用邏輯模式（logic-modelled）所做出的計畫？如果你也這麼認為，請閱讀第十章。

2 《快思慢想》，洪蘭譯。台北：天下文化，2012。

3 時近效應（recency effect）：容易受到最近獲得的新資訊或刺激所影響。

4 易取資訊（availability effect）：較容易受到某些常常想起或常常聽到的訊息所影響。

成為專家的經驗，心流的概念及反思自身的自我效能感

Bandura（1994）認為一個人要提升覺察自我效能，最重要的因素是成為專家的經驗。這與 Mihály Csíkszentmihályi 的研究不謀而合，這位正向心理學家於 1990 年出版了《快樂：從心開始》（*Flow: The Psychology of Optimal Experience*）[5] 一書。處於心流（flow）狀態，你會覺得自己就是專家。當一項挑戰性任務與發展純熟的技能相匹配時，心流就發生了，即使任務難度稍微提高一點點也沒關係。當你被賦予這樣的任務時，如果你知道目標在哪，該做些什麼以及如何執行，你將從中得到回饋，而且你會全心投入並用有創意的方式來執行這項計畫，你享受付出努力的過程，進而感受到心流的發生（Schaffer, 2013）。上述所言並不僅限於我們在此關注的行為議題，這些均有利於你用來設計整體教學，以多元管道促進班級參與、提升創造力並且和學生交換意見。

反思

- 你相信教學過程和結果一樣重要嗎？
- 面對與你持相反信念的人，你會如何主張你的立場？

心流理論用在教學時具備行為學派的要素，因為是由老師設定學習任務的困難程度，然後透過回饋給予正向增強，這種說法之所以成立，僅在前提是這位老師採用行為學派教學模式。解決式支持是探索而不是教學，是建構主義而不是行為主義。學校通常侷限了選擇範圍，既然如此，學生只能在被限定的整體教學計畫範圍內，從中選擇與他們內在自我一致的目標，再設定可完成的任務內容。至於回饋，除了靠老師給予之外，如果採生物觀點，它也會從個人內在生成。就書中我曾提過的案例來說，在他們關注成功並尋獲的當下，抑或是他們將自我成就和自己的成功量尺連結起

5 《快樂：從心開始》，張定綺譯。台北：天下文化，1990。

來的時刻，這些正在經歷改變的人可能就此得到立即的回饋。所以，採用解決式支持的老師是一枚探索的催化劑，而不是教學的技術人員。

「心流」這個詞有一種延續不斷的意味，可能幾分鐘或甚至幾個小時，事實上心流能持續一段很長的時間，也能在頃刻之間發生，這稱為「閃現心流」（flash-flow）。我自己則是在用焦點解決的工作過程中，經歷到這種閃現的心流。在那時，我注意到自己停在某個片刻，並保持全神貫注的狀態。我可以提出好些不同的問題以回應先前的回答。我放鬆並等待問題自己出現。當學生想出一個成功經驗時，他們同時也是在告訴自己哪些方法管用，還有他們下次希望可以做些什麼改變。有好多次，在問對一個問題之後，緊接著聽到鏗鏘有力的回答，在那當下，我感到一股顫動、一陣興奮、一道心流的閃現。特別是在討論某個已經出現但還沒解決的問題之際，當我要求晤談夥伴告訴我一次例外，然後緊接著冒出了一些不同的想法，此刻湧上我心頭的是愉快和自信的感受。因為我知道就在這時候，我們會有所進展，前面的道路是那麼清楚而明朗。

在大家正致力於那些嚴重的行為議題，並且提出實證支持運用學生本位取向來改變問題之際，我在文中所持的主觀程度著實可能讓人驚訝。有兩個原因讓研究者的主觀經驗能出現在研究中且獲得肯定，對此我自己也深入進行探究。第一個原因是 1980 年代，在社會學和心理學開始研究反身性（reflexivity）的概念以前，大家所認同的方式是以研究者的角度觀察其他人，因為研究者能保持客觀的觀察並進行詮釋，而不受自身經驗所影響。從傳統的觀點來看，主觀性對研究過程只會造成危害，但隨著反身性概念所帶來的翻轉，它變得跟其他證據資料一樣有價值。第二個原因是傳統取向的研究方法需要清楚區分研究者和研究對象，如果研究者失去客觀性，研究本身就會被認為有所瑕疵。這意謂著情緒向度等其他相關的訊息，不只是被忽略而且會被主動避免（Davies & Spencer, 2010）。

就像我在進行焦點解決晤談時所體驗到的那樣，心流經驗會增進幸福感（Lyubomirsky, 2007），這一直是我的感受，那些受我訓練採用焦點解決取向的其他眾多夥伴，他們也有相同的體驗。正因為傳統觀點的研究證據無所不在，因此像協助兒童與青少年危機等這類工作，有時候非常困難且會涉入情緒，用心流和幸福感的概念介入研究的報告並不多見。但這是值得銘記在心的一個研究方向。

反思

- 回想過去某次經驗，那時的你正處於心流狀態。它是如何與挑戰、技能、回饋和成功等概念相呼應？關於挑戰和幸福感，它告訴你什麼？

案例：閃現的力量

因為距離的關係，我和九歲大的尼克採用線上晤談。我們在他五歲時就一起工作，當時他被診斷有亞斯伯格症候群，他在上幼兒園的時候經歷了極大的困難。現在他在小學裡大有進展，同時也試著突破一些社交方面的困境。我們正好有 20 分鐘的晤談回顧，於是我請他在 1 到 10 的「學校量尺」上評量，10 是「事情進展非常順利」，而 1 則是相反。他告訴我一些他注意到並且讓他知道情況有所好轉的事情。

他說，他正在學習新事物，他現在真的很有耐心，越來越善於報時以及和朋友一起玩。

尼克：可能是 9 或 10 ，Geoffrey，或者是 8。

在我可以發表意見之前，他補充說道：

尼克：你覺得呢，Geoffrey，關於我現在所做的？你會把我放在 10 或 9 或者……？你覺得呢，Geoffrey？

他在我們的晤談中總是這麼做：他會挑選某些我剛剛用在問句架構中的文字，然後像這樣直截了當的反問我。

我：嗯……我會怎麼說呢？我會把你放在 10。

突然間，他坐直身子然後往前傾，瞪大他的雙眼並張大嘴巴，直直的盯著我。他看起來很驚訝。他非常靠近他的螢幕，像這樣持續看了我一會兒。然後，他動了動他的雙手和手臂，揚起他的眉毛，興奮的說：

尼克：現在我把自己放在 9 ，Geoffrey……我會把自己放在量尺上的 9，Geoffrey！

我見證到這個就是尼克的閃現心流。他的自我效能感成功的增強了。

成為專家的條件

Anders Ericsson針對專家進行研究，他認為不管哪種專業領域，要達到專家級的表現需要花上一萬小時的練習。但這仍取決於你用什麼練習方法而定（Goleman, 2013）。

Goleman 以高爾夫球手比喻說明，如果某位高爾夫球手在一開始就犯了一些基本錯誤，而他持續練習相同的錯誤超過一萬小時，他不會變成更厲害的選手，只會成為一位馬齒徒增的球員而已。為了達到專家級的表現水準，選手必須持續不斷的調整行動，朝著心中所期待的目標前進，如此構成行動、回饋和調整行動三點一組的固定循環。雖然，解決式支持和問題導向都是以個人期待做為改變的動力，不過，這組固定的循環模式顯示出，這兩種取向在給予建議及引導策略時的差異。

班恩的經驗就是一個例子，我真的看到他在歷史課堂中出現了好幾次成功的亮點。普遍說來，即使在他所有表面看來像是失敗的授課過程中，其實都可能存在著誰也沒注意到的成功跡象。當我們在課後進行討論時，他說他注意到自己在表現絕佳的頃刻，瞬間如同體驗到閃現心流。如果我是一位負責提升班恩專業發展的外來專家，我應該要反覆觀察他的教學、提出建議改善方案、確認他是否執行，以及這些策略是否成功。然而，我所做的是認定他才是自己改變的原動力，示範「解決式支持」，邀請他持續關注什麼有用以及什麼可以改變，在他覺得意義非凡的實務工作中，帶著被詮釋為心流的成功經驗，持續在反思、調整和進步的路上前行。

反思

在上課時，你會經驗到閃現心流。不知道你有沒有注意到，當你所擁有的優勢能力和你正面臨的挑戰難度相符時，你所做的是一邊保持反思，一邊進行那些勞心費神的工作。然而透過在實務中習慣性的反省思考，你總是能在當下或稍晚之後，挖掘出那些在教學過程中無比珍貴的寶藏。在這裡，重要的是有系統的關注你自身的成功，無論是多麼微不足道或稍縱即逝都沒有關係，注意哪些事情可以發揮作用。屆時你將會增強自身技術，從一開始就能提升表現力並漸入佳境。越關注自己的成功，越能發現更多的成功。如果你覺察到自己的進步，那麼事實可能正是如此。假如你培養有系統的尋找成功經驗的習慣，那麼，你的學生也會察覺到他們自己有更好的自我效能感。

雖然這一章是有關你以及身為教師的自信，但你在本書中所讀到的經驗及所關注的閃現心流，在學生們和你自己身上也會產生同樣的效果。

案例：在藝術作品中的亮點

小梅，15 歲，根據學校的報告，她在學校有很多麻煩，不念書、不配合、情緒不穩定。在我們剛開始晤談的時候，她很難想出她擅長的事，但卻很容易注意到自己的失敗。她的老師告訴我，她是當地女足聯盟中的頂尖球員，但她卻沒有提過這件事。在我們晤談的過程中，她總是很嚴肅，不常笑。

小梅變得越來越有自信，能不發脾氣的因應那些棘手的狀況，並注意到自己的成功。第三次晤談時，我問她一個很尋常的問題：「哪些事情進展順利？」她告訴我，她有一張畫作已被選為學校川堂的新展品。當我們結束晤談，正要離開會談室前，我問她是不是能讓我看看那幅畫。那是一幅在 A3 大的紙上以鉛筆線條為架構所畫的作品。整張紙面覆滿極為細小且清晰的人形輪廓，小人們正在體育館內進行各種活動。那麼多微小的細節、精心且精緻的線條，令人屏息。我看著她的作品。她站在我旁邊，沒有說話。

我其實可以直接告訴她，我有多麼佩服她在這幅畫所投入的心力，但我反而對她提出一個問題：

我　：就妳的作品來說，妳覺得是什麼讓它被挑出來展示？

小梅：嗯……這是我畫過最棒的作品，但它還沒有完成。我有問他們是不是能讓我完成，但它這個禮拜就要被掛上去了。

她指出一個在角落的小地方，那裡少了一個細小的人形。

小梅：這裡……你看……我還沒畫完。

我　：嗯嗯……這是妳畫過最棒的作品，而且它就要被掛出來展示。所以，妳覺得是什麼讓妳能畫出像這樣的作品呢？

小梅：我不知道。也許是我真的很專注在小細節。然後我畫一些……我知道我想要它看起來像是怎樣的東西，我只是不停畫，直到它符合我所想的。

我　：所以，如果有人跟我問起妳：「是什麼讓小梅能畫出像這樣的作品？」我可以說：「小梅是一個會在某些事情上堅持不懈，直到符合自己要求的人。」妳覺得是這樣嗎？

小梅：對，我覺得是這樣。我在踢足球時也是這樣，我就是練習再練習，直到符合自己的要求。

我　：那麼有件事情要請妳做，不管妳做什麼，都請留意自己在哪些事情上堅持不懈，直到它們符合要求，還有，哪些事情是進展順利的。當我們下次碰面時，我會問妳這些事。

小梅：沒問題。

我　：我們下週見，小梅，再見。

評析

在學校報告中，小梅被形容為寧願破壞自己的作品，也不願意讓老師打分數或給予評論的那種學生。這種行為也被認為是學生有控制需求的一種攻擊行為，操弄各種行為讓老師生氣、批評或大吼，藉此獲得控制感（Beadle & Murphy, 2013）。在某些案例中可能真是如此，但老師要如何分辨他們正處於被操弄的狀態？「解決式支持」不去猜測任何可能造成這種行為的原因，也不費心推敲師生間共同操控並維持自由的平衡空間。自我效能和自我評估（self-assessment）是密切相關的。對小梅來說，從外而來的稱讚太過普通而不管用，因為她可能會認為這是某種控制的形式。值得誇獎的是她的畫作既漂亮又精緻，並且是她用心繪製而成的，但遺憾的是還有一小部分尚未完成，而小梅正巧是個完美主義者。問到她自己對於這幅作品的看法，她回答這是她有史以來最棒的畫，這應該讓她經歷了成為畫家的心流體驗，她從內心意識到自己的成功。小梅的行為改變了；她變成一位成功而有自信的學生，狀態絕佳。之後幾個月，我在學校碰巧遇見過她好幾次。她總是開心的跟我聊天，並且告訴我她表現得很好。

差不多一個世紀之前，心理學家 Erik Erikson 的研究中就提到自我驗證（self-validated）在健康發展中所扮演的重要角色。小梅和我深入探查她的成就，使她能檢核其中的真實性，讓她在當下洞察自己的高峰表現，並在內心反思的過程中毫無畏懼的發表評論。這是一個歷久不衰的概念，Hattie（2009）之後重新提出，並對成功經驗所扮演的角色有極為相似的看法。Hattie 引述 Levin 所著之《5000 所學校的改變》（*How to Change 5000 Schools*, 2008）[6]，認為學校的進步是奠基於改善日常教導與學習的實務工

6 此書目前沒有中譯本。

作，關注少數幾項關鍵性的成果，用積極的方式投注努力，以提升能力、增強動機。焦點解決取向以結構性的方式積極的擴展正向事件，同時停止負面思考，這符合上述所提的要素。討論成功及心流體驗讓人受到激勵。關注那些能帶來熟練行動的資源，提問「你能對此做些什麼？」等作法，均符合 Levin（2008）所倡導採用正向觀點的建議。

過程：我該怎麼辦？

在這一章開頭時，我們回顧 Wiliam（2012）對教師發展的兩項重要問題。我們已經討論「任務是什麼？」，現在將研究第二個問題：「我該怎麼辦？」。這一小節的內容是有關你能實際用來提升及強化自信的行動策略。在某次教學中找出成功經驗是一項適切的挑戰，你為了改變而付出努力並從中得到回饋，這將幫助你重拾自信。

在某個領域的成功往往會增加在其他地方獲得成功的可能性，因為自我效能的覺察具有整體效應，這是焦點解決思考的其中一個概念，和 Dweck（2006）所提出的定型或成長心態（fixed or growth mindsets）具有整體性效應是同樣的道理。在本書所呈現的幾則案例中證實，學生們藉由自身的成功和心流經驗以及為自己所設定的內在目標，最後達成外在目標，即改善他們的行為。再次叮嚀，關注你自身的成功經驗，這有極大可能讓你注意到更多的成功。如果你覺得自己更上一層樓，那麼事實可能正如你所想的那樣。心流經驗會帶來更多的心流。如果你養成有條理的探尋成功的習慣，你的學生也會覺察到他們的自我效能感有所增強。以下我將提出一個建議性架構，選一個你可以立即開始運用的計畫做為練習。你可以在第十章找到解決式支持的架構以及運用邏輯模式所做的計畫。

練習

跟著成功的軌跡

我建議把你的練習直接寫在這本書上。我發現做筆記很有用，這也是我在焦點解決路上所跨出的第一步。它能提供有用的回饋，你可以在工作及覺察自我效能上追蹤成功和改變的軌跡。這聽起好像很慎重，但其實就是各式各樣能反映你實際工作情況的備忘錄，或者任何你喜歡的記錄方法。它也是對你有助益的專業發展證據，在紀錄中加入焦點解決量尺則能提供更完整的晤談材料。

有什麼煩惱嗎？

在你的筆記本上，寫出五個此時你身為教師的擔心，這裡只列出那些有可能在短時間內改變的事。你煩惱某些事情，但你什麼也不能做，或者你沒辦法改善，這已經持續一段不算短的時間，現在只是晾在那裡成為日常的一部分。

選擇一個合適的行動計畫

從以下兩個分類中，選一個分別標註在五個可能得以改變的問題上。

- 支配的（C型——需要有創造力的解決方法、能協商的、高度挑戰）
- 權威的（A型——遵循規則的解決方法、不能協商的、低度挑戰）

（Deci & Ryan, 1985; Pink, 2009）

一個可藉由遵循規則解決的問題，則標註「A」（權威的）：

例如：針對午休遊戲時間結束，某所小學對此訂定相關規定，但學生們要花很長的時間才能完全進到教室，也沒有安靜的列隊＝A型：低程度挑戰，沒有協商的餘地，適用透過獎勵的外在控制。

一個可有創造性答案的問題，則標註「C」（控制的）：

例如：當你對班上學生提出問題時，你如何能確認每個人都是在和諧且自發的氛圍中回答，而不需要你施以外力掌控？

運用在你的工作中

A型是遵循規則的，因此必須確認你清楚知道所有相關的規定，學生也同樣知悉這些規定內容，並且他們明白這些規定的意義；例如，遊戲時間提早結束是希望學生能準時回到教室預備上課，確保所有人安全且不要遲到，這也是給每個人一個機會證明他們所能做到的事。如果你想用獎勵來強化學生行為，或者是在你的學校裡大家都習慣這麼做，請盡量避免使用「如果……，那麼……」（if/then）的這種條件式獎勵，取而代之改用「既然……，就……」（now-that）的激勵方法。在剛才你標示C的其中一項事情上，用這種激勵方法加上焦點解決取向試著做做看。

制定計畫

實行解決式支持和焦點解決練習是開放且具創意的，同時它有明確的哲學基礎和結構。如果你是焦點解決的新手，建議在每次有機會使用時，你都照著結構進行，藉此提升自身專業技能（Ratner et al., 2012: 244）。一旦你熟練之後，秉持著引導行動的基礎原則，那時你可以將它調整成適合自己、同時也適合學生的模式。

在第十章中，你會找到一些資源幫助你在實務工作上運用解決式支持。這個架構的綱要是：

- 我對改變的最大期望是什麼？
- 假設這個煩惱已經解決了，我會怎麼知道？我會看到哪些不一樣的事發生，而這會告訴我問題已經獲得解決？
- 為了解決問題，我可能要做些什麼不同的改變？
- 我可能會需要哪些資源，如果有的話就能讓事情不同？

如果你想要更嚴謹的結構，可以運用邏輯模式，每個步驟均採用「如果……，那麼……」（if/then）的問句做為連結。其中包括四個步驟，帶著預期結果的開始，與焦點解決模式一致，我們從結果倒敘回來談這四個具有邏輯的步驟：

1. 結果——從開始到現在，經由行動所帶出的預期改變已持續幾週或幾個月。
2. 產出——成功的行動將會帶出改變的跡象。
3. 行動——為了因應問題，我們將和這些參與者一起採取這項行動。
4. 資源／投入——為了完成這項行動，我們需要……

順著邏輯則為：

資源——**如果**我們有這些資源，**那麼**我們就能執行這項行動。
行動——**如果**我們能加入這些人一同執行這項行動，**那麼**我們就能達成。
產出——**如果**我們獲得這項成果，**那麼**我們就知道我們已經達成。
結果——

用一個實際讓你煩惱的事情來試試看。在你的筆記中寫下你的發現，或者找合適的同事討論整個過程。

結論

這一章討論你在教師工作中發展自信心，特別是新任教師同聲認為行為管理是他們剛踏入教職時，需要更多支援的一項專業領域。整章大部分內容放在兩個發展性問題的其中一項：「任務是什麼？」。

我介紹了心流的概念，以覺察自我效能為基礎，共同思考找出成功經驗的意義與重要性，並且持續的關注優勢能力和資源，這可做為發展實務工作與自信的其中一種方法。

重要的是，你掌握自己的學習經驗，這能幫助你增強內在動機。到這裡也回應第二個問題「我該怎麼辦？」，我建議在教學的初期，你把那些有可能出現的擔心進行分類，這是為了找到更為適切的因應方法。第一種遵循規則的解決方式是比較明確且沒有協商的空間，例如：採用學校既定的政策和系統來處理問題。第二種是具創意的解決方式，使用焦點解決和邏輯模式導出結果的方法，可能對現在的你有所幫助。

參考文獻

Bandura, A. (1994) 'Self-efficacy'. in V. S. Ramachaudran (ed.) *Encyclopedia of Human Behavior*, Vol. 4. New York: Academic Press. pp. 71–81.

Beadle, P. and Murphy, J. (2013) *Why Are You Shouting at Us? The Dos and Don'ts of Behaviour Management*. London: Bloomsbury.

Csíkszentmihályi, M. (1990) *Flow: The Psychology of Optimal Experience*. New York: Harper Perennial Modern Classics.

Davies, J. and Spencer, D. (eds) (2010) *Emotions in the Field: The Psychology and Anthropology of Fieldwork Experience*. Stanford: Stanford University Press.

Deci, E. and Ryan, R. M. (1985) *Intrinsic Motivation and Self-determination in Human Behaviour*. New York: Plenum.

Dweck, C. S. (2006) *Mindset: The New Psychology of Success*. New York: Random House.

Goleman, D. (2013) *Focus: The Hidden Driver of Excellence*. London: Bloomsbury.

Hattie, J. (1992) 'Influences on student learning'. Inaugural lecture, University of Auckland. Available at: https://cdn.auckland.ac.nz/assets/education/hattie/docs/influences-on-student-learning.pdf (accessed 3 November 2015).

Hattie, J. (2009) *Visible Learning: A Synthesis of over 800 Meta-analyses Relating to Achievement*. Abingdon: Routledge.

James, G. (2007) 'Finding a pedagogy'. Unpublished PhD thesis, University of East Anglia.

Kahneman, D. (2011) *Thinking Fast and Slow*. London: Macmillan.

Levin, B. (2008) *How to Change 5000 Schools*. New York: Harvard Education.

Lyubomirsky, S. (2007) *The How of Happiness: A Practical Guide to Getting the Life You Want*. London: Piatkus.

OECD (2008) 'The professional development of teachers'. France: OECD. Available at: http://www.oecd.org/berlin/43541636.pdf (accessed 3 November 2015).

Pink, D. H. (2009) *Drive: The Surprising Truth about What Motivates Us*. London: Riverhead.

Powell, S. and Tod, J. (2004) 'A systematic review of how theories explain learning behaviour in school contexts', in *Research Evidence in Education Library*. London: EPPI-Centre, Social Science Research Unit, Institute of Education.

Ratner H., George E. and Iveson, C. (2012) *Solution Focused Brief Therapy: 100 Key Points and Techniques*. Abingdon: Routledge.

Schaffer, O. (2013) *Crafting Fun User Experiences: A Method to Facilitate Flow*. London: Human Factors International.

Wiliam, D. (2012) *Embedded Formative Assessment*. Bloomington, IN: Solution Tree Press.

5
理解行為問題

閱讀這一章的內容，讓你有機會可以：

- 確認你在處理的行為問題種類及最適合的解決方法
- 做出最適當的回應
- 知道你為何要做以及正在做什麼
- 投入專業發展過程會使你成為一位更好的問題解決者並幫助學生改善

問題是什麼？

Steve de Shazer 在說明問題解決的取向時曾說：「問題之所以成為問題，是因為它們一直持續。問題僅僅只是被放在一起而被稱為問題。」（de Shazer, 1988）我們將在這章中對此約略提出說明。

問題，包含著改變的可能性。如果不可能改變，那麼這件事就是生活中的事實，像是穿九號大的鞋子，或者今天比昨天更老了一點。朝著預期的方向發生並且扭轉事件的改變，我們稱之為問題的解決之道。當解決問題時，我們傾向關注問題本身，理所當然的認為問題和解決辦法兩者之間直接相關。問題即使有得以解決的可能性存在，問題依舊是問題。只有當改變發生，而解決方法也就位，這時候問題才會消失。

採用問題導向處理行為時，所關注的焦點都集中在出了什麼問題。因此，了解行為問題是當務之急。一旦全盤了解情況後，後續所有行動目標都放在消除無益的問題行為上。學校傾向認為行為管理法則最重要的，就是找出什麼是學生不能做的行為，下一步是告訴他們該做什麼並確認他們是否執行。「超過兩週，有80％的課程學生都能好好的坐在自己的座位上」，像這樣的目標表示學生必須做到才算成功。這些方法經測試後如果無效，那麼專家們則會提出不同的方法，就像在做某種實驗。如果這些都行不通，他們就會更仔細的剖析其中的問題。被指派的行為專家可能是某班的導師、助理教師、學校行政人員或是行為問題的專門學者，為了能詳盡且全面的了解問題所在，他會詢問學生及其他證人。專家一定會詢問所有跟事件有關的問題，誰做了什麼、對誰及何時發生，尋找不合要求的跡象和混亂失序的症狀。在這些搜集而來的證據裡面，可能包括學生幼年時的生活狀況以及他們的家庭環境等資料。

專家為了消除無法接受的問題行為，整合所有證據找出刺激和行為之間的相關因素，以及其後續所產生的影響，然後提出某種可能達成預期目標的方法。如果某個學生在班上出現不受管束的行為，那麼表示這個學生不能控制自己的情緒，他們可能會建議學校為這名學生安排憤怒管理的課程。如果這還不夠，那可能還會建議再提供別的課程，但是只能在校內有限的選項中挑選。問題導向的行為處理取向認為，他們所致力的終極目標是替學生制定解決方案，而不只改變其過程中的一部分。

Steve de Shazer 根據他自己在實務工作中的觀察，認為可以翻轉複雜且費時的問題導向歷程，而且效果顯著。以焦點解決而言，改變過程本身就是由預期中的解決方案所組成，而點出問題只能做為成功的開端。與其視為最終目標，不如將解決之道看成它正在進行或已經就緒，總之它確實已經發生過。學生們的特徵在於擁有優勢能力、智慧及經驗去影響改變。焦點解決取向的老師與學生並肩合作，在此同時也維持一個必要的結構及工作界線（de Shazer & Dolan, 2007）。

在治療與教學中重新詮釋問題

心理治療的目標是治療疾病、改變人格特質或行為矯正等，但這些都不是明確的教學目標。de Shazer 認為 1980 年代的心理治療將全副精力都放在關注問題上，而現今的行為管理情形依舊如此。重新詮釋 de Shazer 對問題導向行為管理的觀點，則會形成一個現實上的盲點，亦即不可能有所謂「問題」的概念，除非「解決方法」已經被提出（de Shazer & Dolan, 2007）。為了解決問題導向中部分觀點的侷限性，de Shazer 與其同事所提之見解是透過關注解決之道來達到快速的改變。解決之道發揮作用則問題消失，在任何脫離困境的建議被提出之前，前來尋求協助的人們其實更在意於問題得以解決，而非探索當中的細節。對老師和學生雙方來說亦是如此，畢竟他們當中誰也不希望在一開學就嘗到失敗的滋味。

如果可以直接進入解決方案，那麼就能借用學生希望改變的自我激勵（self-motivation）來促使其發生，這是 Pink（2009）所稱的「第三驅力」（the third drive）[1]。焦點解決取向採用一條明確的捷徑直接進入解決之道。在改變行為的工作現場，老師通常不是這個領域的專家，他們不是沒有興趣，而是缺少專業能力和培訓。焦點解決取向在因應這個問題上，有兩種解決方式。

1. 善用其他尚未被充分利用的資源：自我激勵以及學生的自身專長。
2. 不需要心理學或醫學等這些和人類行為相關的高深知識；只要鼓勵學生去投入關注、保持好奇及開放心胸，並且持續運用焦點解決。

行為問題是複雜的還是複合的？

有些問題是複雜的，我是指這個問題是由幾個各自獨立的部分所組合

---

1 作者這裡引用 Daniel H. Pink（2009）出版之 *Drive : The Surprising Truth About What Motivates Us.*一書。中文版由大塊文化於 2010 年出版，書名為《動機，單純的力量：把工作做得像投入嗜好一樣有最單純的動機，才有最棒的表現》。

而成，各部分被分開後可以各自獨立存在，並且在可預知的情況下產生交互作用。要解決一個結構複雜的問題，要關注的焦點是問題本身，分析它並定義失敗的原因，修正或重新取代失敗的部分，然後再評估後續結果。例如有個學生在寫作上犯了一個經常性的錯誤，那麼採用以問題為中心的解決模式會對此有所助益。這種教學直接指出解決方法，除了老師執行修正錯誤的指令之外，並不要求學生積極主動且富有創意的合作。

適合使用問題導向的場合

當你遇到令你擔心的問題行為而必須採取必要措施時，我在前一章介紹了兩種處理類型：一類是不能協商、遵循規則的解決方案，學校訂有明確政策和流程因應處理；另一類是有可討論的解決方法，有空間可以發揮創意的工作內容。如果退一步從行為的角度觀察各種發生於學校的爭議，你會看到這個方法的有用之處。假設班上的一名學生好像有某類障礙，可以藉由教育心理學家以標準化衡鑑進行確診（例如：閱讀障礙或運動障礙），這已經超過你身為老師的職權範圍，你應該向外請求支援。如果你先前知道一些自閉症患者的障礙特徵，而你擔心這是造成某個學生阻礙，且不利於他參與和學習的主要原因，那麼這是一個有規則可循的情況，應該由這個領域的專家進行評估。回到行為問題的討論，給予獎勵並明確的提醒規則與限制，但不施以處罰，這方法適用於增強那些不太嚴重、不能協商的、有規則可遵循且對學生沒有危險傷害的行為。

適合使用焦點解決取向的場合

有些問題是複雜的，另外也有些問題是複合的，問題是由一些相互作用但不能區分的元素所組成，我們在生活中會遇到這類問題。沒有規則可循，解決方法只能來自創意，這時你可採用像是焦點解決這類模式。重點在「解決之道」，例如：「隨著問題消失，這世界會變成怎樣呢？」複合性問題的解決方式是透過詢問、關注解決之道及已發生過的實例，除此之外，為了使學生能持續掌控自身的學習歷程，提供他們可促進反思的回饋，並多做一些有用的事。老師具有兩項明確的職責：一是老師掌握知識並管理學習歷程；另一方面，在形成師生共同探索結構的過程中，老師的角色是促進者。

了解困境

這裡要提到一個曾求助於我的真實故事。正如你以下所讀到的情節，反映出既複雜又複合的問題本質，並記錄著我是如何回應。不要擔心這個解決式支持過程是獨有的，我們稍後會提到這一點。這是一個滿長的故事，我會邀請你一起停留，這裡展現了學生發揮第三驅力的作用，因而帶來有益且健康的轉變。在本書中稍早你已經認識亞當，就在他的母親寄給我的信中曾提到他。

案例：亞當的故事

是什麼令人擔心？

亞當快十歲了。雖然現在是學期中，但是他已經缺課一段很長的時間。他媽媽說好幾個早晨，他顯得非常焦慮，以至於她不能讓他離開家。有些時候，媽媽的車就停在學校停車場，但是他拒絕下車。他瘋狂的大哭，這使她只能再把亞當帶回家。只有少數幾天，他可以進到學校裡，她在學校的大門口將亞當交給特殊學生輔導員，再由輔導員牽著他進到教室並幫助他進入狀況。但也有些時候他沒辦法進教室，所以他大部分時間就待在輔導員辦公室。

亞當媽媽說她已經試過所有方法，也和學校及她的家庭醫生討論過這個問題。醫生建議做心智評估，因為亞當的行為已經超過學校所能做的，校方、醫生還有他媽媽自己都對他的問題感到束手無策。亞當的媽媽一直面臨被起訴的危機，因為她始終無法幫助亞當克服拒學，像其他學生一樣到校上課。雖然難以理解亞當行為的形成原因，但是他顯然有些嚴重的症狀。依照家醫科醫生的建議，下一步可能是轉介到心衛專家那裡進行分析，以便獲取診斷證明並得到某些處遇方法。

亞當的學校在當地口碑很好，他們知道如何鼓勵不想上學的孩子到學校，另外學校也幫助這些孩子克服從家裡到學校這巨大改變所帶來的擔心和恐懼。學校才剛啟用一棟全新的建築，校長說她已經備妥能有益孩子們安定與學習的所需資源。亞當的媽媽非常擔心他，學校也在尋找任何能幫得上忙的方法。

我打電話給校長：「有什麼我可以幫忙的嗎？」我之前在這間學校工作過，而且我的名字在討論如何幫助亞當的校內會議中曾被提及。我的辦公室離學校相當近，考慮到他非常不規律的出席狀況，所以我打算當他們打電話給我時就立刻趕到學校。

探查心流

幾天後，我和亞當碰面了。早上九點，他的媽媽和輔導員從班上出來。我跟亞當提議，我們這次會面的任務是要找出他喜歡做的事情以及他所擅長的事情。我們沒有從討論問題開始，而是持續聚焦讓亞當回想起成功的時刻。

當我問到他的想法時，我們的對話順利開展，他告訴我當他成功的時候，他認為媽媽和輔導員可能會注意到哪些事情。我在我的便條紙上做紀錄，我寫下的內容越來越多，而他時不時就探頭來看。房間裡有種愉快的氛圍，我們就這樣討論了半個小時。在結束前，我統整我們剛提過的事情做為總結，然後再讓他看一下那些紀錄。我告訴他有一項作業要交給他執行：注意那些覺得還不錯的情況，並且在下週同一時間同一地點再次見面時，告訴我所有的相關事情。我們沒有提到他很少上學的問題，這也是使我們能站在同一陣線的原因。

如果有用，就多做一點

我稱讚他注意到他已經在做的事，這幫助我們的晤談能順利進行。他的媽媽誇獎他在來的路上，盡其所能的跟三個大人講話。輔導員則稱讚他今天能走進學校並準備好晤談。

我請他告訴我，他的作業是什麼。他不太確定，所以我提醒他，接著我問他，在我們的晤談中他注意到哪些覺得不錯的事。然後我再次提問，請他告訴我他的作業是什麼，而這一次他很清楚的記得，我誇獎他的記憶精準。

我問他，如果我們現在結束晤談，接下來他想進教室還是回家。他說他正準備去教室，我們說再見，他抱了一下媽媽，和他的輔導員一起離開。

展望未來並且朝著正確的方向前進

他離開之後，我問他媽媽是否想多知道一些我所做的事，她說她想知道。我告訴她，我是一位老師，而我和亞當正在進行名為「焦點解決」 的工作，我關心亞當的成功經驗、他的優勢能力以及資源。就上學這件事來說，我也非常想知道他所希望的是什麼。

我告訴她，我並不打算回顧過往找出什麼事情做錯了，而是展望未來往好的地方發展，我們將在四週後再一次進行像這樣的團體晤談以確認進展，在那之前我會每週跟亞當在學校見一次面。她問我，她是不是需要做些改變，我告訴她保持現況就好。她說她會在下午三點來接亞當，所以他在校的時間比較短，因為三點半全校正忙著放學，他們可以在那之前先離開。我跟她說再見，然後走到輔導員那裡登記離校。

為了與亞當約定好的會面，一週後我來到學校。我在辦公室簽到，他和媽媽隨後也一起進來，我們打招呼。亞當和我走進會談室後，他告訴我那些他覺得進展順利的事。我們談了 20 分鐘，並且運用 1 至 10 評量問句結構化我們的晤談內容。他說他現在每天都進學校，這是他覺得還不錯的事。我邀請他做相同的觀察作業，然後給他一個讚美。我問他想不想讓我陪他一起進教室，但他說他一個人沒問題，然後我們互道再見。我看著他走到走廊上，然後進入教室。我們今天沒有討論到任何問題。

第三驅力的力量（Pink, 2009）

一個星期之後，依照我們前一週的約定，早上九點半我抵達學校。我見到正從教室走出來的亞當，他的老師跟在後面，她想跟我談談，然後我請亞當一個人先到晤談室。

老師：我有一點擔心。亞當每天都準時到校，但是昨天他遲到了，我想是不是有可能故態復萌。以前也發生過這樣的事，學期開始時他是沒問題的，然後他開始遲到，在這之後就完全不出席了。我想你應該要知道這件事。

我　：他已經每天都到校了嗎？真高興聽到這件事。謝謝妳告訴我昨天的狀況。

亞當坐在他靠窗的老位置，當我走進來時，他微笑看著我。我問他哪些是他覺得進行順利的事情，他說了幾樁，不過他最先想到的是他每天都到學校上課而且待到下午三點，還有他去朋友家玩。我問他有沒有什麼不一樣的事情，他說有。

亞當：昨天我待了一整天，所以我可以上英文課了。

我　：所以你可以上英文課，我明白了。其他時候，你只待到三點，但昨天你待了一整天，所以你能上英文課。你是怎麼做到的呢？

亞當：我應該在三點離開，但那樣我就錯過英文課。我昨天上英文，然後就一直待到放學。我不得不在早上九點到學校。

我　：為什麼是在早上九點呢？

亞當：因為我必須留下來上英文課。

我　：那麼，今天呢？

亞當：今天我沒有英文課。但是我會留到三點半，然後媽媽會來接我。

我　：那明天你會幾點到學校呢？

亞當：八點半。我每天都一樣。

我　：然後三點半結束，是嗎？

亞當：對。

我　：在我問你別的問題之前，我需要先好好想一下，這樣可以嗎？

亞當：嗯……好。

我需要仔細的思考一下亞當告訴我的事。他每天都準時到學校，然後提早半小時離開，這表示英文課在那個時間的日子，他都錯過了。他應該在學校六個半小時。因為英文課結束的時間超過他預定要離開的下午三點鐘，在校時間已經被往後挪動了30分鐘，所以如果他晚30分鐘到校，他就能留在學校直到放學。

如果是這樣的話，他既能遵守約定出席的時間，又能上英文課。這很合理。對在校有困難的學生來說，逐步延長在校時間是一個常用的策略，這就是他現在做的事。我轉向亞當。靈光乍現的我頓時明白亞當所執行的計畫。但是我不知道這計畫是打哪來的。

我　：謝謝你等我，亞當。在我看來，你已經做好一個計畫了，是嗎？

亞當：是的。

我　：那麼這計畫是來自……？

亞當：我不知道。

我　：好的。所以這個計畫是為了跟所有其他孩子一樣，在同一時間到校，然後同一時間放學，是嗎？

亞當：是的。

我　：這個計畫還有什麼別的內容嗎？

亞當：來學校跟朋友在一起。

我請他多談一點關於這項「上學」計畫。他告訴我，他牽著腳踏車跟媽媽一起走路上學。途中他遇見他的朋友，朋友的媽媽也是這樣送他的朋友來學校。在學校大門不遠處遇到後，他們就一起騎進學校，停好他們的腳踏車，然後一起走進教室。我跟他說這聽起來真是一件好棒的事。他說他之前就常這麼做。

自主的力量

我在筆記本上畫一個 1 至 10 的量尺，1 是指「不進學校」，而 10 是「每天到校」，請他標示現在他在量尺上的哪個位置。他在量尺上圈了 8。我問他，我們第一次會面的時候，他在哪裡，他指了 2。

我　：所以，你是怎麼從 2 進展到 8 的呢？

亞當：因為我在學校？

我　：所以你是怎麼做到這件事的呢？

亞當：因為這個計畫。

我　：當我下週來這裡的時候，你希望你可以到哪裡？

亞當：10。

我　：所以你的工作照舊，繼續執行這個計畫，留意哪些事情進展順利，我下禮拜會問你關於這些事情。現在是讚美的時間。

亞當每天都到學校上課，而且當我們在月底進行整體回顧時，他認為我們已經完成工作，我們彼此都同意結束。如往常一樣，我們完成讚美和任務交付之後，我告訴他我想跟他的媽媽談一下。

在亞當離開回到班上之後，他的媽媽和學校輔導員表示，他們很擔心他可能無法長期堅持，到時候可能又會需要我繼續和他晤談。

我說，既然亞當覺得我們可以結束，我們就應該這麼做，因為他的自信就是整件事情的答案，同時這也讓他的決定成為最棒的選擇。我告訴他們，我能理解他們的憂慮，我會持續和學校保持聯繫，以確認他們得到所需的支援，必要的時候，他們可以隨時打電話給我。

我在一個月及三個月後分別聯繫確認。亞當不僅到校且表現良好。亞當的媽媽告訴我，事實上在我介入之前，學校並不了解事情已經到了多糟的地步。她說，當我們開始晤談之後，亞當沒多久就改變了；他不再擔心上學的事，而且能一覺睡到天亮，開始要求去他的朋友家玩，還可以跟她一起去購物，就像他在問題發生之前那樣。

評析

計畫

我很好奇這個計畫是打哪來的；這似乎是一個好方法，而且對亞當相當有用。在亞當第一次提到的那次晤談之後，我打電話到輔導員辦公室去探問情況。我提到亞當正按著某個計畫進行，她是否知道這是誰的主意。她說她從沒聽說過任何計畫。她認為不會是亞當的媽媽，也不是她提出的。她問我，她是不是能學我在筆記本上給亞當看那個量尺，因為她認為評量問句看起來是一個有用的辦法。在下一次晤談時，我問亞當這個計畫是不是他自己想出來的，他說是。

記錄正向的想法

當我結束和學生的晤談時，按慣例總是先感謝老師、家長和照顧者，然後在學生檔案中留下一段簡短的文字紀錄。我非常開心能帶著成就感和愉快的道別來做總結。

我與亞當的晤談結束之後，我曾和他的媽媽談話，她對於我以不同的方式來處理亞當的困境很感興趣。她告訴我，經過我們一同努力之後，她兒子有多大幅度的轉變。我向她提到，我希望過段時間寫一本書，記錄那些我們透過運用焦點解決所完成的任務，我認為在書中加入她的感想會非常有價值。而她的想法就放在這本書的一開始。

結論

亞當和他的計畫，就是一個「解決問題」（problem solving）和「問題得以解決」（problems solved）的案例。問題的解決能力原本是學校的教學內容，但在最近才受到矚目。在過去很長一段時間裡，這項能力含括在數學課程中，如今英國國定課程（DfE 2014）已正式納入。20 年前，學術界討論教學改革，其中提到學生學習數學應該參與問題解決的過程，而不只是熟悉解題技巧，然後習慣性的套用。在今日的校園裡，像這樣的問題解決能力概念已經普遍推及於各種教學之中。

傳統來說，討論解決問題能力有以下兩種區別：一是**獲取**訊息（知其然），通常是死記硬背和不斷重複；另一個是**應用**知識（知其所以然）以解決相關的問題。解答數學能力的教育模式經常被用來教導一般性的問題解決能力。解決行為問題也採用同一類課程模式，而且這還主導整個行為管理領域，但是有時候伴隨而來的結果卻不一定適合學生。從亞當、他的家人和學校所經歷的危機中退後一步來看，我們必須思考哪種問題解決類型是最為恰當且合理的。

老師費盡千辛萬苦，為了掌握在課室裡他們認為可能發生的行為問題，他必須權衡來自教室內及教室外的所有工作，將各種需要處理的事情排序，並將注意力放在那些至關重要的緊急事件上。如果所採用的問題解決模式不能如預期般的有效改善行為，反而會造成額外的負擔。從亞當的故事中很清楚的顯示，即使挹注各方資源，借助外在動機的問題導向模式並不能讓他的情況有所好轉。

如何能改變現狀？運用焦點解決取向解決問題，再加上第三驅力（Pink, 2009），凡事皆有可能。

參考文獻

de Shazer, S. (1988) *Clues: Investigating Solutions in Brief Therapy*. New York: Norton.

de Shazer, S. and Dolan, Y. (2007) *More than Miracles: The State of the Art of Solution-Focused Brief Therapy*. Binghampton, NY: Haworth.

Department for Education (DfE) (2014) *The National Curriculum in England*. London: DfE.

Pink, D. H. (2009) *Drive: The Surprising Truth About What Motivates Us*. London: Riverhead.

6
焦點解決在學校

閱讀這一章的內容，讓你有機會可以：

- 了解解決式支持的架構
- 邁出你的第一步，在你所處的場合中運用解決式支持
- 當感到壓力時，知道如何持續使用焦點解決

如何進行解決式支持的工作

信念、抉擇和心態

當你接觸行為出現問題的學生時，你認為你想了解他們什麼，他們為什麼這樣、他們在想什麼、是什麼激發了他們。就像一個自由人，你可以選擇你要相信什麼，你可以改變你的想法，也可以改變你的心態。你的信念支撐著你的心態，它們引導你的行動。你可以相信學生是成功的、資源豐富且帶著希望的，或者認為他們是失敗的、缺少應變能力且漫無目標的。你可以相信他們只是被生理需求所誘導，或是受到胡蘿蔔與棍子（獎勵與懲罰）所影響。抑或你也可以認為上述都是過時的想法，學生的主要動機是 Pink（2009）所稱的「第三驅力」（the third drive），這是根據 Deci（1972）所言，人傾向尋找新奇與挑戰，藉此培養並磨練自身能力以探

索、學習新事物。兩項學生的需求激發「第三驅力」：

- 獨立自主——自我導向，自我控制感
- 成為專家的經驗（精熟）——在某些重要的事情上越做越好

什麼是管教（discipline）？

Pink（2009）所呼籲的第三驅力，是指將胡蘿蔔和棍子丟到餿水桶嗎？身為教師，你被要求在必要時能機智的對學生進行管教。更明確的說，學校實行管教是行為管理中的重要措施，但伴隨的限制也顯而易見。在日常例行、不具威脅、依照規定的任務中，外在管教的獎勵部分可促發少許的動力，沒有負面影響。而懲罰部分雖然能阻斷脫序的行為，但是，除非依照嚴格的指導準則，不然會帶來副作用。新學習不會因此產生，其效果也只是曇花一現，維持不了太長的時間。

管教以外的方法

當胡蘿蔔與棍子是那麼方便，而且老師們也一直被吩咐使用，為什麼還要費心去找其他的方法呢？這有兩個原因：

- 因為對你和你試著協助的學生來說，獎勵和懲罰有嚴格的使用限制。如果行為沒有改變，因著獎勵和懲罰的制約效果，很容易讓你覺得卡住，不管怎麼說，這都是一個誘發壓力產生的情況。
- 重要的是，掌握每一個機會教導學生新思考和新技能。獎勵和懲罰，尤其是後者，無法確實的達成這個目標；反之，在行為改變的過程中，藉由模仿學習並運用第三驅力的學生則能學到重要的新技能。

順帶一提，對於剛開始認識解決式支持的老師，你可以像探索學習那樣，將此用於學生正在進行的其他創意性課程中。

「如果你想去那裡，你不應該從這裡出發。」

——英國艾塞克斯郡農村智慧，無名氏

學校裡的非教學專業人員試圖解決學生所遭遇的困難，往往僅集中注意力在問題本身。他們被這種方法訓練，然後套用在許多無法歸類障礙類別的學生身上。教室中的老師也接受了一些行為和行為問題的培訓，不過樣樣通也樣樣鬆，我們只知道遵循那些公認的問題導向法則。你未來在學校中所遇到的行為政策，也將是源於同樣的思維。問題導向的問題解決、問題分析、行為主義、行為矯正實驗取向，這些彼此密切相關。當我第一次專職投入在行為和行為管理時，身為老師的我並不知道有其他方法。我一股腦兒地挖掘過去發生了什麼事。

誰的問題解決？

焦點解決並不是帶著正向詮釋的問題導向模式。它不忽視問題，而是以慎重的態度和不同的方式處理問題。它有不一樣的假設基礎。

解決式支持有三種和學生相關的信念基礎：

1. 學生有**成功的**經驗；他們所期望的改變已經發生，而且如果你去找就能找得到。
2. 他們是**擁有資源的**，而且他們有能力做改變。
3. 他們對於自己想要的未來是**充滿希望的**。

在你進行焦點解決時，重要的是牢記這三個信念，因為當情況變得棘手，這三個信念會讓你持續將解決之道當成目標。

以下幾項是解決式支持的基本規則，沒有特定的順序：

- 學生是他們自己的專家。
- 學生正盡其全力，即使成果並不如預期。
- 每個問題都有其解決之道。
- 研究解決方法，而不是問題。
- 不想要的行為只要透過新的學習就能改變。
- 最小的解決方法也可以化解最大的問題。

- 找出什麼是有用的，然後多做一點。
- 你只能知道你所聽到的內容，所以仔細的聆聽。
- 保持好奇心。

你與學生晤談的當下，可能會發現有用的訊息，把這些寫在筆記本上。我打從一開始就這麼做。遇到任何教學時的特殊情況，如果你願意採納上述三個信念並遵守基本規則，那麼你就能進行焦點解決。

按常理來說，行為管理是問題發生之後才開始的，其他幾個問句也常相伴出現，例如：「出了什麼錯？」「是怎麼發生的？」等。其目的是讓老師得到足夠的訊息，進而決定什麼需要改變以及該怎麼處理。解決式支持也是從問題而起，因為「需要改變某些事」，但卻是朝著解決之道邁進，以學生的觀點來說就是：「什麼事情可能被改變，而讓情況有所不同」。當學生知道他們期望完成的目標時，就能提高實現的可能性。解決式支持並不否認問題的存在，不只這樣，這個取向認為問題真的為當事人帶來麻煩，但問題本身卻很難釐清，因為通常一個問題會與其他問題盤根錯節的連成一氣。

不談論問題的對話——一項重要的概念

不談論問題的對話（problem-free talk），對於設定焦點解決當下的晤談氛圍，以及之後的晤談方向是很重要的。輕鬆愉快的聊天，討論那些進展順利而且有趣的事。跟著你的好奇心，這場晤談走向沒有很多規定，過程中只要注意「這是學生的故事而不是你的」，光這一點就行了。如果你注意到自己就要改變談話方向，轉而說到你自身的事，請抵抗誘惑，做一次深呼吸，然後回到學生的敘述中。舉例來說，如果學生正在說一些你知之甚多的事，你感覺自己就要忍不住插嘴補充一些親身經歷的新訊息，方法很簡單，就是**不要說出來**。我曾在互聯服務中心（Connexions）[1] 服務，

1 亞聯服務中心（Connexions）是一個英國政府在每個郡均有設置的機構，用以協助13到19歲的青少年，提供他們在教育、居住、健康、人際關係、毒品和財務等方面的支援與諮詢。

這個中心的目的是為了讓更多學生能繼續受教育、順利就業或接受職前訓練。有一位學生曾告訴我，她覺得最棒的事情是跟她的狗一起散步。

我　：跟我多說一點。

學生：我們有一隻黃金獵犬。

〔我正想到：「我也有一隻獵犬，很可愛的狗。」〕

我　：跟我多談一點妳的狗。

學生：她的毛是非常淡的金黃色。

〔我正想到：「我的也是。」〕

學生：她叫鈴鈴。

〔我正想到：「真是太不可思議了，我的狗也叫鈴鈴！」〕

我幾乎要脫口而出告訴她，但這不是我的故事而是她的，這是非常重要的一個關鍵。我記得規則，反之請她告訴我更多關於散步的事。這個舉動是維護她身為說故事者的位置，以及她自己才是擁有資源的專家，並且這也保持了在諮商關係中極其重要的權力平衡。

評析

考慮第三驅力的自主性，尊重學生的故事才是最重要的。只要你有機會就試試看，問學生什麼是他們覺得最棒的事，退後一步，試著不要讓自己接手。如果你越練習，就會越熟練。

找出例外

看起來，學生好像在某種情況下就是會出點問題，然而問題的例外原則告訴我們，這不是真的。當所有情況看起來都擺明問題會出現，但就在某次有一個例外，問題沒有發生。找到例外，對助人者和受助者雙方來說都是非常有力的經驗。它打破規則，並且證明已經發生的解決方法是存在的。你可以仰賴一次現有的例外經驗；有時候得費一點心力才能找到，但是非常值得為之努力，因為它會重啟學生心態的成長。以我的經驗來說，那些曾和我晤談的學生總是將它視為理所當然，而且他們著手尋找例外經驗相當輕鬆，像是他們之前找自己喜歡做的事那樣。

在這章後面，你將會看到瓦兒的故事。這裡是一段我們對話的簡短摘錄：

我　：瓦兒，讓我們回到今天的主題。不要加入別人的爭執，妳覺得這可能會讓情況有所不同。告訴我某一次在學校裡，當事情一如既往的發生，妳像平常一樣被其他人圍住，妳可以加入他們的戰局，但是妳卻沒有這麼做！

瓦兒：我不知道……上週？在科技課上。

我　：所以妳有什麼不一樣呢？

瓦兒：繼續做我的事。

我　：妳是怎麼做到不加入的呢？

瓦兒：不知道。我就是一直做我自己的事。

評析

當我開始從事焦點解決工作時，我對「告訴我在某一次，當……」的這種問題感到懷疑。學生的所有事證就放在面前，我腦中閃過「沒人照看的時候，這個學生老是不乖」的想法。因為有人告訴我，瓦兒在學校總是到處涉入爭執。然而，在焦點解決的世界裡，我們知道就是會有一次學生所說的問題**沒有**發生，反而是產生了解決方案。正因為我曾經於此獲得信心，所以我學會直截了當的提出這個問題。當學生被問到「告訴我在某一次，當……」時，如果他們近期大都是失敗的經驗，這會需要一點時間思考。他們必須封鎖失敗型的心智圖，促使成功型心智圖能夠運作並得到關注。這也許會花學生一些時間去喚醒例外經驗。他們之前可能從來沒有被問過像這樣的問題。

焦點解決的概念認為，問題和答案帶著等量的訊息。當你提出一個問題，放著等它發生作用。如果你要問另外一個問題，新問題牴觸了原本問題中的訊息，這會讓學生更難注意到它。最好的方法是給學生充分時間回答問題，即使這對你來說似乎過於漫長。你可以從他們所表現出的所有跡象，例如從語言或是非語言的訊息來分辨他們是不是專注在這個過程之中。如果兩分鐘之後，他們看起來像是卡住了，那麼你可以問他們：「對你來說，這個問題可以回答嗎？」

如果學生回答：「可以」，那就繼續安靜等待。

如果學生說他需要幫忙，再次精確的提出相同的問題，然後等待。當回答傳來，我常常經歷到如同我在第三章所提過的「閃現心流」。對學生來說，改變的基礎已經備妥，解決型的心智圖也已啟動，透過重溫「那個時候當……」的情境，讓他們因注意到解決方法而更進一步強化，同時也遠離封閉的問題型心智圖。解決方案越是鞏固，越能削弱問題的力道。

自主性和回饋——心流的條件

成功的教學結果是培養學生的自主思考能力及行動力。當學生考慮他們想要達成的目標、他們現處的狀態，還有他們下一步要做什麼時，使用評量問句對他們大有幫助。在解決式支持中，量尺被用來做為思考的介面。為了能適切的運用量尺，辨識問題導向與焦點解決兩者之間在評量上的觀點差異是極其重要的。行為改善計畫常會包含問題導向式的評量。某個學生在操場與人打架的行為問題，他的行為改善計畫具體陳述可能會類似：「在接下來的兩週內，十次有六次的戶外晨間遊戲時間不會因打架而被取消。」給予學生這樣的指標，讓他們注意到什麼不可為。我稱之為「知道什麼不能做及告訴他什麼可以做」策略。一旦發生什麼事情就量化他們的表現，前提是：能產生足夠的動力讓他們改善行為，但就學生而言，這並不能促進他們的自主行動。

案例：行動中的解決式支持

這裡有個中學生的故事，可以做為探討解決式支持架構的案例。瓦兒正要進入中學的最後一年。她被認為總是在學校搗亂，在該學習的時間開玩笑、沒禮貌，老是在課堂上吵鬧並打斷課程。她的行為影響到其他學生，這成了一個問題，因為同年級的所有學生都在準備他們的考試，儘管學校使盡全力鼓勵她改善，或者對她施以控管、懲罰等方式，但她似乎並不受教。她經常被請出教室外，她的老師們才能專注在其他認真學習的學生身上。

我被叫進學校和她晤談，就在她即將要被永久停學之際，學校試著準備最後一次幫助她。我提議採用「行為輔導支援方案」[2]為架構。這些是常見的問題導向，用 SMART[3]〔機警性（smart）、可測量性（measured）、可達成性（achievable）、相關性（relevant）、時限性（time-bound）〕做為審查指標，有許多人與機構會一起加入。我被引薦使用行為輔導支援方案，即使這個專業的支援方案當中也帶有焦點解決的要素，但仍然發現令人不滿意的外來目標。我發展出一個完全焦點解決式的行為輔導支援方案，為期八週，間隔兩週開一次會議。威斯特太太是瓦兒的媽媽，我邀請她參與全部的會議，但因為她的工作時間，不能每次都到場，會議之後是我和瓦兒的晤談時間。

2 行為輔導支援方案（pastoral support programme, PSP）意指當特定學生在經歷其他輔導方案或一般管教措施，仍沒有明顯改善時，學校實施邀請外部資源投入行為輔導支援方案，並定期與家長報告和會談。

3 SMART 原則是管理學中的一種方法，由 Peter Drucker 提出以達到目標管理的任務。本書中，作者將 S 的內容從原本的 specific（明確性）改成 smart（機警性）。

會議介紹

我開始做場面構成，向威斯特太太和瓦兒簡單說明焦點解決取向以及工作內容，瓦兒和我展望未來看她期望達到的目標，而不是回首過去找哪裡出了錯。她說她喜歡這個提議，因為她在學校有這麼多麻煩，就算全部重新回溯一遍也於事無補。我建議瓦兒和我在學期中以前，每兩週見一次面，到時候我們四個人再一起回顧進步的情況。

我　：瓦兒，妳知道永久停學指的是什麼嗎？

瓦兒：嗯……不太清楚。

我　：妳必須離開學校，而且妳不能再回來，甚至不能到學校操場見妳的朋友。當然，除非事情有所轉變。妳有興趣為妳今年想達成的目標做點事情嗎？

瓦兒：呃……好。

評析

在介紹概念時，第一步我們會關注在瓦兒未來的成功，而不是過去已經發生的問題。直截了當地說明瓦兒的現況，清楚確立工作目的，同時也宣告即將到來的一項真實挑戰。學生可能不了解他們正處於嚴重的麻煩中，因為從他們的觀點來看，他們所做的事沒什麼不同，只是守規矩或是不守規矩的差別罷了，一如既往。有明確的建議，我們可以為更好的結果共同攜手合作。晤談中所使用的語言能保持權力平衡，邀請瓦兒一起工作更勝於命令她跟著做。

最大的期待

接下來，我問瓦兒她對於晤談的最大期待是什麼？

我　：假設我們一起做了些對妳來說有用的事，妳對這些工作的最大期待會是什麼？

瓦兒：呃……沒有被踢出學校？

我　：好，所以假設真的發生了，妳沒有被踢出學校，那麼取而代之會發生什麼事呢？

瓦兒：待在學校直到學年結束？

評析

焦點解決的其中一項信念是「人是充滿希望的」。瓦兒所說的期望是一個可以實現的目標，長期目標是留在學校。為了做到這一點，她必須徹底思考，所以我們談話的步調很重要，提出一個問題並安靜等待她的回答。我請她將一開始的負向目標換成正向，因此學生不能不做；這個目標轉變成一項積極行動。

制定計畫

我　：所以如果我們合作，而結果是妳留在學校直到學年結束，這會對妳有所幫助。是這樣的嗎？

瓦兒：是啊。

我　：所以假設到明年夏天以前，妳真的留在學校，為了讓這件事成真，妳可能會做一點點什麼改變？

瓦兒：別人吵架不要進去參一咖？

我　：取而代之，妳會怎麼做才能不進去參一咖？

瓦兒：呃……做我自己的事。

評析

焦點解決的其中一項信念是，人有應變能力。和學校裡其他教學情況相同，解決式支持的運作需要執行計畫，在這個案例中還包括自我選擇的學習目標。將那些相對固定的背景因素都納入考量之後，例如：行為政策、老師的建議、時間、青少年的狀況等等，解決式支持的其中一個原則是：在學生可控制的範圍內，某些事情是可以被改變的。我邀請瓦兒認真思考，為自己提出一項既具挑戰又可實行的計畫，讓她成為自己的應變專家。如同前述，她同樣做了從負向到正向的轉換，阻擋問題型的心智圖並提升具創造力的心態。一旦計畫底定，其後的解決式支持對話能維持這個模組，並強化成功型的心智圖。

不談論問題的對話

我　：我想問妳一些不太一樣的事。妳覺得最棒的事是什麼？妳擅長什麼，妳喜歡做什麼？

瓦兒：沒有。

我　：我是指妳有一點點拿手的，也許是妳喜歡多做一點的事？

瓦兒：都沒有。我的老師告訴我，在我六歲讀小學的時候，我超廢。

我　：嗯……都沒有。在妳六歲的時候？這聽起來對妳很嚴苛。「沒有」是一個很有用的答案。這告訴我要用其他方式來問妳問題。假設我問妳媽媽，她知道妳很多別人都不知道的事，妳的行為她都看在眼裡，她最了解妳，所以讓她來告訴我一些妳喜歡做的事情，也許只是偶爾做一下也沒關係，還有那些妳拿手的事，那可能會是什麼呢？妳有什麼想法嗎，威斯特太太？瓦兒做得好嗎？

威斯特太太：嗯……是的。

我　：妳覺得瓦兒可能是怎麼樣的，妳的媽媽可能會想到什麼？

瓦兒：幫忙她做飯？

我　：幫忙她做飯，我想知道這是不是妳媽媽正在想的。我們要不要問問她？這是妳的想法嗎，威斯特太太？

威斯特太太：哎呀，事實上我正在想其他的事，不過昨天……妳的確是幫了我，而且妳很擅長料理。

我　：所以，瓦兒，妳是怎麼讓自己很擅長料理的呢？妳媽媽何以會這麼說？

瓦兒：很小心的把麵粉、奶油和其他一些材料秤重？

我　：是這樣的嗎，威斯特太太？

威斯特太太：是啊。

我　：妳的媽媽還想到一些別的事情，在幾分鐘之後，我們可以問妳嗎，威斯特太太？好的，所以妳呢，瓦兒，妳有其他喜歡做的事情嗎，妳拿手的？

瓦兒：搞笑？

我　：妳怎麼知道妳很會搞笑呢？

瓦兒：我在班上可以讓大家笑起來。

我　：所以妳是怎麼讓自己很會搞笑的？

瓦兒：我不知道，我只是用好玩的方式看事情？

評析

這個部分的會談將學生的想法轉向能力和成功，遠離失敗。

我　：妳覺得最棒的事是什麼？妳擅長什麼，妳喜歡做什麼？

瓦兒：你的意思是什麼，在學校還是在家裡，還是什麼？

我　：任何地方，學校、家裡、和朋友們一起、妳自己一個人的時候，妳覺得最棒的事。

這被稱之為「不談論問題的對話」是一個了解某人的好方法，什麼讓他們開心，開始探索他們的優勢和資源。即使是你相當熟悉的學生，都可能會告訴你一些出人意表的事。有個小學生告訴我，他是一個會做法式舒芙蕾的廚師，這是一項非常高難度的技術。他的前任老師完全不知道這是他的興趣，而就在回答像這樣簡單的問題時，他提到了這一點。一旦你啟動了這個對話，讓你的好奇心引領你，跟隨著正在對你訴說的故事並從中提問。確認這是學生的故事而不是由你接手，請記住在你還沒有聽到上一個問題的回答之前，你並不知道你的下一個問題在哪。當你聽到學生的成功經驗時，選一個好時機問他們那些關於他們自身的優勢和資源。

一開始請瓦兒談談成功經驗時，她長期累積注意失敗的習慣造成了阻礙。我請她給自己一個讚美，她發現這對她有點困難。直接反映她的說法，這讓她知道我看重而且不輕視她先前的種種經驗。我相信她正盡全力，所以當她說「沒有」時，我視為這是她給我的最佳答案。我的工作是找到更適合的問題，這時候徵詢第三方觀點通常能有所幫助。試著問問瓦兒，她的媽媽可能已經注意到哪些關於她表現想像力及創造力的事情。我對「不談論問題的對話」並未事先設定計畫，瓦兒不受約束的尋找成功經驗，我不干涉她所想到的事情，也不預設我們所能接受的立場，因為成功經驗和自我效能在每個人心中是相互連結的。

在規則中發現例外

我　：瓦兒，讓我們回到先前的話題。我們大概還剩十分鐘。「做我自己的事」，這是妳想到可能可以做的改變。所以來想想這件事：告訴我某一次在學校裡，妳照舊聽到別人在吵架，妳可以一如既往的加入戰局，但妳卻沒有，妳只是一直做妳自己的事。

瓦兒：我不知道……

我　：嗯嗯……妳不知道？那麼，假設妳知道。即使妳說妳不知道，那假設妳是知道的，某一次妳雖然可以進去參一咖，但是妳卻沒有這麼做。試著跟我說說看。

瓦兒：上週？在科技課上？

我　：那時候妳有什麼不同？

瓦兒：我一直做我自己的事。

我　：妳是怎麼做到的？

瓦兒：我不知道，我就是這麼做。

我　：所以在那次的科技課堂上，妳就是一直這麼做。是這樣嗎？

瓦兒：是啊。

我　：對於妳的改變，老師有注意到什麼嗎？

瓦兒：唔……我總是進去參一咖，但這次我沒有，我就是埋頭做我自己的事。

評析

看起來，學生好像在某種情況下就是會出點問題，然而問題的例外原則告訴我們，這不是真的。當所有情況看起來都擺明問題會出現，但就在某次有一個例外，問題沒有發生。找到例外，對助人者和受助者雙方來說都是非常有力的經驗。它打破規則，並且證明已經發生的解決方法是存在的。你可以仰賴一次現有的例外經驗；有時候得費一點心力才能找到，但是非常值得為之努力，因為它會重啟學生心態的成長。以我的經驗來說，那些曾和我晤談的學生總是將它視為理所當然，而且他們著手尋找例外經驗相當輕鬆，像是他們之前找自己喜歡做的事那樣。[4]這是一個直截了當的問題，「告訴我，某一次（問

4 原書中本段內容與本章稍早出現的一段內容相同（p. 103）。

題）沒發生的時候」，用你覺得合適的說法來表達。解決方案已經發生的證據就在回答之中，這是一項關鍵。一旦你們兩個都知道什麼是解決之道，就算看起來可能是微不足道的小事也沒關係，下一步很簡單，就是多做一些有效的事情。

當我問瓦兒例外經驗時，她說「我不知道」，一個我很常聽到的簡單回答。試著將問題從沒有彈性的現實面轉移到具有創造力的想像面，「假設你是知道的？」我發現學生總是會找出答案，像瓦兒就找到了例外。記得，放慢步調是很重要的：問問題，然後等待學生思考答案。

評量問句

我　：好的，瓦兒，我想問妳一個不太一樣的問題。在這個量尺上，10 是不管怎樣妳都會為留在學校而付出努力，而 1 則是妳做了一些讓妳會被踢出學校的事，現在妳把自己放在這個量尺上哪個位置？

我遞給她我的鉛筆。她在量尺上游移了一會，然後在接近中間的地方做了記號。

我　：那是數字多少？

瓦兒：6。

我　：所以妳怎麼決定在 6，而不是 1 呢？我的意思是 6 在 10 點中超過一半的位置，而 10 是表示妳能留在學校一整年。妳做了什麼讓妳在 6 的位置上？

瓦兒：做我自己的事？

我　：做妳自己的事，這讓妳現在停在 6 的位置。當我們兩週後見面，妳希望妳可能會在這個量尺上的哪裡？也許是一樣的位置，也許移動一點點？

瓦兒：7。

我　：所以，妳可能會在接下來的兩週內做些什麼，好讓妳更接近7？

瓦兒：做我自己的事。

評析

評量計畫可以清楚看到所設定的目標發生改變。我採用水平線 1 到 10 的量尺。這並不是用來做客觀性評估，其目的是用來顯示學生主觀的理解程度，就某種意義來說，也便於讓我們進行討論而不需要調查與分析。量尺讓學生圖示化他們的最大期待、目標及實際改變歷程。在執行解決式支持時，我故意不用預先印好的表格，總是從一張白紙開始，藉此也表示我沒有預做計畫，然後請學生在量尺上標示他們自己的記號。

學生常常覺得評量問句是他們在晤談中印象最深刻的一環。你應該仔細思考 10 代表什麼，而 1 又代表什麼，因為量尺必須清楚呈現晤談計畫。瓦兒的例子顯示她需要做些什麼才能讓她繼續留在學校，而 10 代表她達到目標，1 則是瓦兒無論如何都會被開除。我給學生一條畫在紙上的量尺，讓他們自己來決定位置，對他們來說，這是離開時一個可以帶走的實物。我不會要求他們下次見面時要隨身攜帶。特別是對年紀較小的學生來說，在能將量尺內化於心中之前，他們會覺得這是一個有助於記憶的工具。和年紀非常小的學生晤談時，我會邀請他們在班上最親近的支持者一起參與評量，以此做為一項額外的資源。

任務

我 ：瓦兒，我要請妳做件事。留心觀察那些在學校進展順利的事情，那些事情會告訴妳，妳在妳的量尺上是 6，甚至可能更接近 7。不用寫下來，只要注意觀察並記在心裡。這是妳的作業。當我們下次見面時，我會問妳觀察到的內容。

評析

我盡可能讓任務不那麼明確，因為我希望瓦兒留心觀察那些雖然我不知道，但是對她可能更具意義的成功經驗。任務與評量的內容有關，這是瓦兒出了諮商室之後，在她腦中就可以執行的事。任務是計畫的延續，學生的責任是持續進行。藉著她對這個計畫的自我評量，瓦兒不僅得到內在回饋，下一次我們見面時她還會得到從外而來的回饋。

讚美

我：我想就妳今天完成的工作給妳一個讚美，妳真的一直保持專注，我之所以會知道，是因為妳回答了所有我提的問題。這是我對妳的讚美。

我請副校長讚美她，還有邀請威斯特太太也這麼做，她從瓦兒說話的方式中發現，除了在學校搗亂以外，她還可以做其他更多的事。我邀請瓦兒讚美自己，她說是她讓自己保持在 6 的位置。三分鐘後，我結束了這次的會談。

評析

在解決式支持中的讚美是有憑有據的。這並不是相當於讚揚或獎勵的意思，而是提供另一個機會針對資源和優勢能力做反思性的評估。學生在開始晤談時，常常不習慣被讚美或接受讚美，藉著在晤談結束前規律的進行這個環節，有時候他們甚至會自然而然的在我們的晤談中讚美我。

反思

查看到目前為止的對話，對照 Pink（2009）第三驅力的自主條件，成為專家（精熟）的經驗以及意圖。

你察覺到什麼是瓦兒的自我動機呢？

後續晤談

「7」，瓦兒走進晤談室時，她如此說道。我們坐下。

我　：妳是怎麼知道的？

瓦兒：因為我的老師跟我說了，有一個老師告訴我，她有點驚訝，我一直在做我的作業。

我　：還有什麼讓妳知道妳在 7 了？

我們持續深入探究她的成功，尋找證據。她的媽媽、副校長、校長、還有她的朋友們可能已經注意到哪些事情，告訴他們情況已經有所改變，但那難道只有「她持續做自己的作業」這樣而已嗎？

我問瓦兒，在兩個星期之後，她的最大期待是什麼。她說是進展到 8。於是我給她一項任務。

我　：妳的任務和上週完全相同，留心觀察那些對妳來說進展順利的事情。當我們下一次會面時，我會問妳觀察到什麼。

我讚美她在過去兩星期內所完成的工作，而且在量尺上已經到達 7。我邀請她讚美自己，然後我們在 20 分鐘後結束晤談。

評析

後續晤談經常在幾分鐘之內就結束，因為晤談事項很明確：「當我們下次見面時，我會問你什麼是你所觀察到的。」很多時候，學生在一見面的時候，我才說一個字，他們就開始暢所欲言，因為他們腦中帶著他們的量尺，迫不及待的想要告訴我他們的進步。再強調一次，這是他們的主觀評量，在此同時我沒興趣試著將之客觀化。這是一項改變的指標。留心觀察的任務可以讓他們在任何所處的環境中自由實施，不論是在家裡、在學校，或者是在閒暇時刻。

那些該死的老師

之前，我曾在當地的學童轉介機構[5]，每週提供一個下午的服務時間。瓦兒已經在那持續一整個學年，這是為了填補她在學校不足的時間，我們曾在走廊上擦肩經過。

瓦兒：那些該死的老師！

我　：喔，那些老師怎麼了？

瓦兒：他們之中有人說「噢，得了吧，瓦兒，妳還真打算要留在學校

---

5 學童轉介機構（Pupil Referral Unit，簡稱 PRU），是英國各地方教育局（LEA）直接設置或委託非政府機構執行，專門為學齡兒童因校園霸凌等的偏差行為而由所就讀學校勒令停學或處以退學處分後，生病或是因其他原因而無法上學的兒童，自停學的第六天起，提供中介的專業輔導、個別化教育計畫及替代教育等服務。

繼續念第六學級[6]！」

在焦點解決工作中，我們知道由於群體中人與人之間的連結性，改變是持續不斷且隨時發生的。就像瓦兒的轉變，這使得周圍的人，特別是她的老師們，更容易覺察到她的成功潛能。一般說來，比起其他只想改變學生行為的目標導向，解決式支持效果更好。它也讓發生改變的工作變得更簡單。在焦點解決的詞彙中，這被稱為「漣漪效應」（the ripple effect），改變系統中的某一部分，就會促使其他部分也跟著發生改變。

依照建議，行為輔導支援方案實施了一個學期。在聖誕節的時候，我和瓦兒、威斯特太太共同進行最後一次的回顧，副校長說她在學校的情況大有進步，瓦兒不再面臨永久停學的危機。威斯特太太說，她注意到在家時瓦兒明顯變乖了。瓦兒說她的老師們對她比較友善一點，而且她能順利跟上課堂的學習活動。她同意結束我們合作的這項工作，而且她覺得不需要更進一步的協助。

從這學期開始到結束，除了校長以外，我沒有跟學校裡的任何人提過她的計畫以及行為輔導支援方案。瓦兒的老師們沒有拿到我們進行中的書面報告，也沒有參與行為輔導支援方案的多方代表晤談。在剩餘的一年時間裡，副校長不時會讓我知道瓦兒的情況順利，而且她成功的完成十一年級（Year Eleven）[7]的課程。秋天，她找到一份學校職工的工作，她的媽媽也在那裡做清潔人員好幾年，現在她跟媽媽一起工作。所以，最後她真的留在學校了。該死的老師們！

充滿希望的願景

在瓦兒通過她的考試之後，同一年的年底，我跟副校長談起這件事。

---

6 第六學級（Sixth Form）是英國中學義務教育之後的擴充教育，包括十二到十三年級，為準備進入大學的學生提供預科課程及準備大學入學的進階測驗，以及為選擇職業課程的學生提供就業導向的職訓課程。

7 在英國的教育體制中，十一年級是義務教育的最後一年，最後須通過中等教育普通證書的考試。

他告訴我，他自己一直使用焦點解決取向。他說：「最大的差別是，這種行為教學取向給學生們信心，讓他們相信事情可以解決。不然，面對即將到來的懲罰或是受到身邊的事情所影響，學生們的另外一種可能情況是整天都覺得煩躁焦慮。」

他認為焦點解決取向把必要的工作放在具前瞻性的脈絡中，那裡是學生正要前往的地方，而不是他們已經到過的所在。在某種意義上，這鼓勵學生們進行超越自己的思考：「現在我在這裡是這個樣子，那麼如何能讓情況變得更好？」

至於瓦兒，他這麼說：

副校長：你只要看看現在她的自我感覺有多好。很顯然的，九月的時候她並沒有現在的自信和自尊，也沒有現在所擁有的成就感，經過這一整年，她達成目標。我想，這是因為你所提供的目標和鼓勵，總是看下一步該做什麼，並且使之成為可能。不要去鑽同樣的死胡同。我想，每個人都需要學習這該怎麼做。

另外一個案例

接下來是提供你參考的第二個案例，這裡所談的是一位年紀更小的學生。在你閱讀的同時，也請找找看：

- 在解決式支持的架構中，不談論問題的對話、最大的期待問句、尋找例外、評量、任務和讚美；
- 第三驅力的自主條件，成為專家的經驗。

六歲大的葛雷，在學校常常害其他小朋友受傷，特別是在遊戲時間，校長因此接到許多其他小朋友家長的投訴。他的班導師告訴我，她被這個令人擔心且口齒伶俐的孩子搞到沒轍，葛雷似乎不懂遊戲和弄傷別人的區別，她看起來筋疲力盡。校長說，她有將葛雷永久停學的壓力，因為他們找不到幫助他的方法，也許他在其他學校會變得更好。她之前從來沒有退學過任何一個孩子。

第一次和葛雷、他的老師和他的媽媽進行會談，全程使用不談論問題的對話。第二次晤談也一樣，這次只有葛雷和我，討論他的成功經驗和優勢能力。葛雷對當地教練有著像百科全書般的認識，他記得所有人的名字、球衣號碼以及他們做過的事。關於這些，他跟我談了很多。到學校進行第三次會談時，當我走在通往他教室的長廊上，我聽見嚎啕大哭的聲音，我看到一個小女孩頭上有沙子，而葛雷手上拿著一個超大的塑膠盆。

「你來得正是時候。」他的老師說，然後她帶著正在哭的小女孩進她的教室。我和葛雷走到我們的小晤談室，透過窗戶往上看就是他的教室、走廊和沙子。

我　：早安，葛雷。很高興再次見到你。

葛雷：早安，Geoffrey James。

我　：我看到你和那個小女孩，還有地上的沙子。你明白那時候你在做什麼嗎？

葛雷：我放了一半的沙子在她頭上。

我　：原來如此，你放了一半的沙子在她頭上。跟我多說一點。何以你會那麼清楚的知道？

葛雷：她有長頭髮，所以我放一半。

我　：她有長頭髮，所以你放一半沙子在她頭上。所以你怎麼會想這麼做呢？

葛雷：她不可以穿耳洞，但她用長頭髮蓋住它們，所以我只放一半沙子。

我　：喔，原來如此。所以，你是怎麼做到只放一半沙子，而沒有把全部的沙子放在她頭上呢？你是怎麼做到的呢？

葛雷：我決定的。

我　：你決定，所以你倒了一半的沙子，是這樣的嗎？

葛雷：對。

學校的一般規定是「不准戴首飾」。這個女孩違反規定穿了耳洞，但是你看不到，因為被她的長髮給蓋住了。對葛雷來說，這表示違反一半的規定。

也許他看起來好像不受控制，但實際上他只放了一半的沙子在她頭上，其實這可能並不怎麼好控制，因為乾燥的沙子會從盆子裡大量傾瀉而下。他告訴我一個例外，這次他試著控制自己，即使外人看來並非如此。發現了例外，我們就可以用之發展成一個量尺。我在我的筆記本上畫了一條線，左邊寫上 1 而右邊寫上 10。他所展現的資源是做決定。

我　：在這條量尺上，10 是你做決定，而 1 是你沒有。當你倒沙子的時候，你在這條「決定量尺」上的哪裡呢？

我遞給他我的筆，他研究了一下這條量尺。他在 5 的地方做記號。

我　：所以，你做了什麼讓你在 5 而不是在 1 呢？

葛雷：我決定倒一半的沙子。

我　：那麼，當我下星期問你同一個量尺時，你希望你會在這個「決定量尺」5 的位置，還是其他地方？

葛雷：我會在 10。

評析

對走廊上的沙箱發生什麼事感到好奇，對這件事可能會被如何解釋保持開放態度，然後導出對葛雷有利的結果。當出了某些需要盤問以查明解釋的事情時，焦點解決可以提供必需的問話架構。以外人的角度來看，葛雷似乎一如往常的做些危險行為，但是他告訴我，他認為自己正在努力執行擅長的事情：有責任感、協助執行校規、做決定。這並不是某個孩子沒來由的攻擊另外一個孩子。葛雷自有一套邏輯解釋他的行為，他知道在困難的情況下他有能力做抉擇。

葛雷認為重要的事情就是：他的力量、能做決定、得到認可；他設定自己的改變目標；他知道自己的成功；他的目標已經執行到半路，藉由做更多相同的事情，他希望能達成。支持葛雷的自主性是將他視為一個有資源的人。我不給他任何建議，也不花時間試著分析他的行為起因，我們只是直接採取解決方案，「隨著問題消失，世界將會變得如何」。

對我來說，量尺提供我們一項溝通的工具，我們可以用此討論那些以別的方法也許很難解釋的事情，還有那些關於實施行動和執行訣竅的細節說明。描述操作性訣竅對任何年齡層來說都是非常困難的，更別提他只有六歲了。

評估優勢能力及辨識需求

不消幾日，學校老師對他的改變深具信心，所以讓他再次到戶外玩，而他則選擇以注意安全做為回應。我和團隊中的教育心理學家討論葛雷的優點，他對教練們有著百科全書般的認識，還有他對遵循規則有獨特且清晰的條理，她問我是否可以和他媽媽談話以便做進一步的評估。他們告訴我，事實上他已經被歸到自閉症的類別裡，不過這並沒有記載在他的學生資料中，在我到學校見他之前，我並不知道這件事。

第五次晤談是進展回顧，我問葛雷我們是否可以結束工作，但是他說他想繼續。我們又再進行了五次晤談，最後一次他同意結束。一段時間後，他被診斷為亞斯伯格症候群，而他在學校裡的表現持續的進步。

他 10 歲時，他問媽媽可不可以再見我，所以我們在他就讀的小學裡會面。他想要轉銜就讀完全中學，他為此很是擔心。我們進行五次會談為期一個多月，最後得到一個圓滿的結果。

當他 15 歲時，我收到他想再度會面的訊息。我們在他的學校一共約了兩次，他清楚記得焦點解決的過程，他現在如往常一樣做決定，仍然對教練們很感興趣。他想看看現在的他在哪個位置，隨著考試將至，他說他一直覺得我們的工作對他很有幫助。從那之後，我們沒有再見面。

行動、改變、設定任務

回到葛雷以及很多沙子的走廊：

我　：那麼，當我下星期問你同一個量尺時，你希望你會在這個「決定量尺」5的位置，還是其他地方呢？

葛雷：我會在10。

我　：我下星期會再問你這個問題。現在時間快到了，我要給你一項作業：注意觀察。我會示範我說的是什麼意思。告訴我，你在這個房間裡注意到的東西。

這間小小的晤談室是用來做為一對一教學的教室，牆面貼滿海報、圖表和數字，色彩繽紛且花樣很多。

我　：就是這樣，注意觀察。現在我要請你做一件事。我想要你在做決定的時候注意自己。就像剛才你決定只倒一半沙子時那樣。你能告訴我，你的作業是什麼嗎？

葛雷：乖一點？

我　：那會很棒，但是下週我將問你，在你做決定的時候，你注意到什麼？所以，你的工作是注意觀察你自己正在做決定的那個時候，不管是在學校、在家裡或在任何地方。你的作業是什麼呢？

葛雷：注意做決定的時候。

我　：就是這樣。此時此刻，你的決定是什麼呢？

葛雷：跟你講話？

我　：完全正確。

評析

晤談的時間似乎總是不夠，但倘若你保持專注，總是可以做一些有所助益的事。在一個有 30 位學生的班級中，如果進行一對一交談，每位學生每週可能只分到幾分鐘的時間。在教室裡總有更迫切的事情需要行為指導，就像葛雷的事一樣，也許可用的時間都被花在需要速決的事情上，而不能執行具有創造性的解決式支持工作。

在問題導向的教學法和焦點解決諮詢之間存在著一個歧異點，那就是如何運用師生面對面的教學時間。葛雷的開放性任務是去覺察他自己做決定，換句話說就是反思，思考自己的想法，注意觀察他的成功經驗，以及當他做一個好決定時他人的反應。他可以在任何或所有時間都這麼做，藉由運用自己的技能和優勢而感受到心流的閃現。他期待著我們下次的晤談，在那個時候他可以討論成功的經驗，顯示他能在自我控制下完成他的短期目標。從學生的觀點來看，結合過程的量尺圖示以及簡單明瞭的自訂目標，似乎能幫助任務穩定的進行。

自主的意義

我和另外一位六歲的孩子會面，第一次是在七月中旬，那時漫長的暑假正好開始，他的老師和養育他的祖父母也一同參與。採用和葛雷晤談時完全相同的架構，我們在第一次會談的結尾設定他的任務。對於在學校裡好好走路而不到處跑來跑去這件事，他評估自己在 5 的位置，他希望暑假過後，我們下次見面時，他會在 7。我邀請他找出那些可行的事情，然後告訴他下次會面時我會問他。

九月中，我們再度會面。當他和他的祖父母走進學校時，我正在等他。他的確是好好的朝著我走來，並且以自豪的語氣說：「我在 7 喔！」

我很佩服他記住這項任務以及他進步到 7，我把我的感覺告訴他。他的祖父母說，他一直期待我們的晤談，這樣他就能告訴我這些。學生們對任務的堅持以及當他們走進晤談室告訴我那些進展，像這樣的場景已經重複發生過無數次。第一次讓我感到詫異，但是現在我知道，我能信賴這些學生為使自己成功改變而不斷付出努力，我只是一面鏡子，映照出他們的成功並展示給他們看，在此同時，原本有問題的習慣被成功的習慣所取代而消失。

結論

解決式支持緣起於一項談話治療。我認為解決式支持是一種談話和一種教學取向，當中不攙雜遊戲、藝術或戲劇治療等其他要素。我一開始是和中學生以這個方式進行晤談，漸漸的在當中獲得令人開心的成功經驗，接著收到幾次請求，希望我能和小學及幼兒園的孩子們一起工作。在焦點解決原則中：「如果有效，就多做一點」，我沒有改變我所做的事情，只是在忠於原始模型的原則下做點適度的調整。

對身為教師的你來說，如果你選擇在你的實務工作中開始使用解決式支持，你不需要任何額外資源或訓練才能了解使用方法，不過如果成為解決式支持社群中的一員，毫無疑問會對你的專業成長有所助益。同樣的，解決式支持是非常方便的，你可以用在任何你所處的環境，而不需要一間特別的晤談室。學校內空間總是很搶手，我經常在走廊上和學生會面，如果天氣好的話也會在戶外，不過每次都要確認學校行政人員知道我們在哪，而且我們是在其他教學行政人員看得見的地方。

建議你翻閱第十章關於焦點解決取向的部分，你會注意到在解決式支持和焦點解決短期治療（SFBT）之間的一些差異，「焦點式的解決支持」被廣泛應用，後面將列出由它所引導的架構形式。當我開始運用這個取向時，我緊跟著SFBF的指導方針。久而久之，在忠於理論模式的同時，我將之稍微簡化以更貼近學生及學校的需求。這是一種談話方法，就像我在這一章裡所舉的幾個例子，我用解決式支持的架構和 5 到 18 歲的學生們晤談。不過，雖然架構一致，在晤談時，年幼的學生會出現獨特的語言和風格，這和稍年長的學生明顯不同。

和年紀很小的學生晤談時，全部的架構可能會精簡到只剩不談論問題的對話、關注可行的事、任務及評量。和年紀大一點的學生則會使用全套的解決式支持架構，如果加上他們的家長及其他成人一起晤談，我可能會使用 SFBT 的「奇蹟問句」（miracle question）。為了更進一步說明，請閱讀這一章後面的參考文獻以及本書的最後一章。

參考文獻

Deci, E.L. (1972) 'The effects of contingent and non-contingent rewards and controls on intrinsic motivation', *Organizational Behavior and Human Performance*, 8 (2): 217–29.

Pink, D. H. (2009) *Drive: The Surprising Truth about What Motivates Us*. London: Riverhead.

Taylor, T. (2016, in press) *The Beginner's Guide to Mantle of the Expert*. Publisher: Author.

7 談談教育學

閱讀這一章的內容，讓你有機會可以：

- 回想你所學的教育學知識
- 連結你的教育學知識和改變行為的教學法
- 將你的教育學知識與校內某位有複雜問題的學生故事連結起來

就本書的書名《翻轉教室行為：新手教師的焦點解決指南》來說，這可能會被當成是一本關於行為管理的書。為什麼我要加入教育學這一章呢？當你從事教學工作時，其中包括一系列的活動與配套預期成果，同時還加入學生的學習狀況以及他們的行為表現。為了學生的學習著想，深入了解你自身在教學過程中的行動，這會幫助你思考如何才能做得更好，我認為這極其重要。

什麼是教育學？

描述教育學（pedagogy）有各種不同的方式，例如：教育的科學和藝術、最佳教學的理論研究、教師效能，或是老師所使用的教學策略等等，不過這些未必能有助於明確的理解教育學的內涵。19 世紀，瑞士的教育思想家 Pestalozzi（斐斯塔洛齊）將以兒童中心的教學方法概念化，扎根於人之本性，結合憐憫與和平的價值觀，並充分運用每個人的優勢和資源。Albert Einstein 曾說，他中學就讀位在瑞士阿勞（Aarau）的一所裴斯塔洛齊式學校，那時所受的教育讓他體認到，以行動自由和責任感為基礎的教育方法更優於仰仗外來的威權。一般認為 Albert Einstein 在這個階段所受的教育經驗，啟發他日後解決問題的創造力，以及他日後研究所發展的理論型思維實驗。

20 世紀這些教育學家，包括 Rudolf Steiner、Maria、Montessori、John Dewey 等人，他們開拓教育學的可能性，將教育描述成當下生活的社會歷程，而不僅是為了未來生活預做準備。這是漸進式的教育，順著學生的學習步調，引領他們為自己學習。從這個觀點來看，學生深入運用他們的優勢和資源，創造出屬於自己的知識。這裡所說的知識不只是被教導的資訊而已，它也是詮釋和表現，正因為難以言述且具不確定性，反而能導引人們發揮出全副的潛力。不同於將知識當成資料灌輸給學習者的老師，這些以學生「頭、心、手」為中心的教育家其目標是全人教育。採取前者教學觀點的一則例子是指導式教學（direct instruction），知識是教學的主體，反覆訓練學生完成預先規劃好的學習計畫。這是英國小學語文與數學課程的教學基礎，最近也影響教育部長提出「回歸基本能力」（back to basics）的教育政策。在 20 世紀，巴西教育學家 Paulo Freire（1998a, 1998b）稱這個取向是「囤積」（banking）知識。他提出警告，將學習者當成受試者，就像對待 Skinner 實驗裡的鴿子或老鼠那樣操弄是非常危險的。Freire 的批判教育（critical pedagogy）強調對話更勝於課程內容，不管是正式與非正式的場合，老師要和學生像一般人那樣對話。因此，他認為老師們應該要設法找出可能存在於正式課程之外的「教學時機」（teachable moments）。

回到行為教學的實務工作，我最早開始思考教育學是在我任教於一所私立的特殊學校時，那裡是專門為被診斷有情緒和行為障礙的學生所設置的。這所學校聘來一些教育心理學專家，他們經評估後將學生們分類，但針對這些兒童的教育卻沒有提供更多實質的協助。有個學生的心理診斷結果是教育，意思是透過教學來治療障礙，如果情況真是如此，那麼這個責任便移轉到身為老師的我身上。我認為滿足這些學生因自身特殊狀況而產生的學習需求，也許會讓他們用自己的方式學習克服，甚至超越現有的障礙。這些學生懷著情感和行為上的需求，被迫從一般學校及童年友伴中遷離，然後被送往幾英里外的農村並且住在學校裡，這些安排對他們的學習造成莫大的影響，他們需要合適且有效的教學方法。無論他們之前所讀的一般學校提供哪種教育方法，在他們的報告中都看不到任何記載。哪些方法不錯，值得持續進行？哪些方法需要替換？當我開始教書時，關於這些我所知甚少，因此，這迫使我開始著手尋找答案。

分而治之、各個擊破

就學校裡的教學議題而言，行為和學習已大幅分離。因應學習而產生的教學法漸漸被接受，不過無可否認的是，老師之間因投入不同教學派別而產生激烈的意見分歧。至少，這表示某些有益的張力正在當中增進對話動力。各學術課程長期存在教學競賽，而大家對其結果極為重視。在日常教室的實境中，老師們選擇教學方法，有的採用指導式教學、死記硬背和反覆背誦等，有的則是運用反思及具創造力的探索。不同的教學方法並不互斥，搭配合宜的學習目的可展現出最好的成效。然而，為學生行為而發展的教育方法卻遠不及為學習而生的教學法，囿限於行為主義學派的思想，行為上的學習被簡化為「制約」（conditioning），並且採用獎勵和懲罰以做為達到目標的選擇性工具。

20 年前，我所受的教師培訓課程中沒有認真的關注教學方法，但時至今日，英國整體情況似乎並未改變。完全沒有提到行為，也沒有提及教學在此可著力之處。但當我戴上教師證，在某所特殊學校任職一年之後，這促使我思考我有什麼專業能力，我是否具備其他專門知識，還是我只能接受獎賞與懲罰是唯一的選擇。我的學生們真的有缺陷嗎？我對他們的行為應該有權力和責任嗎？當我轉到地方教育局（local education authority, LEA）所設置的學童轉介機構（PRU）任職時，我的另一項新工作是對其他老師提供行為問題的建議，上述所說的感覺就更強烈了。我當時所服務的學童轉介機構起源於 1980 年代，是一所由精神科醫師所管理的兒童輔導診所，那些有問題的兒童不管是在裡面砸鋼琴還是做蛋糕，他們都隨時受到監視，而他們的父母則接受精神科醫師的面談，看看是哪裡出了什麼錯。

不消幾年，精神科醫師全面撤走，改換教育心理學家接手，但這之後心理學家也離開了，取而代之的是那些沒有受過特別訓練的老師。責任從心理健康專家慢慢移轉到教育心理學家，然後又放到老師身上，後來甚至連外來的支援也被撤除。不像一般學校設有駐校教育心理師，通常還有一位校護可隨時待命，學童轉介機構完全沒有這些人力配置。完全看老師自己有沒有意願培養教學專業能力以填補所需。就像兒童暨青少年心理健康服務單位（CAMHS）遭到縮編的情況，一般學校也出現類似人力精簡的情況，在此同時，地方教育局的某些案例支援服務也一併取消了。因為轉介到專業機構的門檻提高，情況演變成老師們得支援協助所有學生。在這種狀態下該選擇哪些教學方法，我們如何能既安全又合於倫理的和學生一起工作，並且有能力判明何時需要尋求校外專家的援助呢？

案例：跳出藩籬

一項特殊事件

幾年前，我曾受邀參加一項由當地教育局所主辦的受輔少年傑出成就頒獎典禮。有位擔任護理協調員的同事稍早曾邀請我，並且告訴我愛德華也會出席，他是我之前曾晤談過一段時間的學生。當我到達時，所有人正在大廳裡聊天，我認出之前的愛德華，他跟一些人站在一起，我想那應該是他寄養家庭的照顧者。典禮正在進行，愛德華一如預期的走上講台，獲授七年級同儕指導獎。他的學校老師在致詞時，讚揚愛德華支援新生並幫助他們適應新環境。自從我們結束晤談後，我很久沒聽到他的消息，我很高興得知他在學校的發展一切順利。

一個不尋常的需求

在頒獎典禮中的某位社工曾於兩年前為了愛德華的事情而聯繫我，那時愛德華被禁止繼續參與學校的理化課。因為他損壞實驗室並做出危險行為，雖然已經給予警告和懲罰，但他並未就此改變，所以校內科學部主任將他逐出課堂。這對愛德華來說事關重大。學校嚴格執行所訂立的行為政策，他已經被踢出一段時間但情況沒有改善。學校已經通知他的照顧者，可能會讓愛德華永久停學。

愛德華住在他的寄養家庭已有一段很長的時間，這個寄養家庭的照顧者特別善於照顧年幼的孩子，所以他們和愛德華一致認為是時候該讓他展開新生活。他的社工幫他找到新的照顧者。新的寄養家庭位於不同的小鎮，所以愛德華必須轉學。如果他在夏季學期前搬家，他會有一個暑假可以適應環境，然後在九月開學時到新的學校就讀。

新任的照顧者有一份全職工作，也就是說，如果愛德華在學校就讀全日課程，照顧者可以提供他一個住所。這同時也表示如果他沒有學校可讀，也就沒有寄養家庭可住。社工見過新學校的校長，校長表示如果能收到一份令人滿意的紀錄報告，而且是由他現在就讀的學校所提出的，那麼他將歡迎愛德華在九月時入學。所有事情剛好都綁在一起，愛德華必須即刻改善他的行為，然後從他原本的學校拿到一份有力的推薦信。現在是夏季學期的學期中旬，已經沒有大把的時間可以處理這堆麻煩事了。

準備出發

愛德華的理化老師對教室管理的經驗相當豐富，為了安全考量，只要學生被退出理化課，就表示發生嚴重且需要處理的問題。很顯然的，愛德華需要回去上理化課，以此證明他可以完全遵守規矩，而且會努力用功趕上落後的進度。我傳送一條簡訊給科學部主任：

「發生什麼事情，你會知道是時候可以讓愛德華回去上理化課了呢？」

下一週主任親自打電話告訴我，如果連續兩週他從其他各科主任那裡得到正面的消息，他將會允許愛德華回教室上課，而且理化老師也已經同意。幾天之後，我在學校見到愛德華，一如往常的開場後，我們就進入正題。

我　　：我的工作是到學校和一些遇到困難的學生見面，一起做些有用的事情。我跟很多不同學校的學生晤談。我已經跟你的社工談過話，所以我知道你的情況，而且她跟你提過這次晤談，你也同意見我，對嗎？

愛德華：沒錯，她說你可能可以幫助我。

我　　：好的，我們會一週見一次，持續四週，每次大約半小時，好嗎？

愛德華：好。

我　　：所以，我們今天做些什麼可能會對你有所幫助？

愛德華：我不知道。

我　　：嗯……這樣啊，但假設你知道什麼可能會對你有幫助，你想那會是什麼？

愛德華：我的行為？

我　　：如果我們為此努力的話，這會怎麼幫到你呢？

愛德華：我猜……除非我能從這裡拿到一份理想的紀錄報告，不然我的新學校不會收我。

我　　：嗯。所以如果我們就你的行為做些改變，然後拿到一份理想的紀錄報告呈交給你的新學校，那將會為你帶來怎麼樣的好處？

愛德華：呃……我想去我的新寄養家庭，所以我必須轉學。但是他們可能會因為我的行為問題而不收我。

我　　：好的。所以這是我們的計畫？就你的行為做些改變？

愛德華：沒錯。

我　　：我們稍後再回到這個話題。我想問你一些完全不同的事。你覺得最棒的事是什麼？你最喜歡做什麼？

愛德華：你是指在學校還是……？

我　　：其實任何時間都可以。

愛德華：噢，好。我覺得最棒的事是跑酷（parkour）。

我之前從沒聽說過跑酷，所以我請他多告訴我一點。他說這是一項結合跑步和跳躍穿越某個場地的運動，他通常和少數幾個人一起練習。他告訴我，這很可怕但也很有趣。我問他是否擅長於此，他說他是。我問他何以能擅長這項運動。他說他有很好的平衡感、他很強壯，他能很快決定要做什麼，不必停下來思考就做出決定。

我　　：所以，是什麼讓你擅長跑酷，是你的平衡感、身體強壯、可以很快拿定主意該做什麼？是這些嗎？

愛德華：是啊……因為你是在陌生的地方快速移動，所以你必須決定該怎麼進行下一個跳躍。

我　　：好……謝謝你告訴我關於跑酷的事。這對我來說是一個全新的認識。我們回到你的行為計畫。如果我邀請你把自己放在這個計畫 1 到 10 的量尺中，1 是因為你做了某些事而被逐出理化課，而 10 是你下學期在新住所和新學校有一個好的開始，你覺得你現在的位置在哪呢？

我畫了一條量尺在我的筆記本上，然後看著他在 6 的地方做記號。

我　　：怎麼說你是在 6 而不是 1？

愛德華：因為我守規矩？

我　　：你做了什麼不同的事，讓你知道你現在已經挪到 6 了？

愛德華：上課不搗亂。

我　　：所以你上課不搗亂，取而代之你做了什麼？

愛德華：好好上課。

我　　：所以，如果我問你的科學部主任，他從別的老師那邊聽到一些關於你的事，而那些事情會告訴他，你應該能回去上理化課，那會是什麼事呢？

愛德華：我守規矩。

我　　：哪些課是這樣的？

愛德華：所有課都是。

我　　：你的下一節課是什麼？

愛德華：連著兩節美術課。

我　　：如果我問你的美術老師，她注意到哪些你讓她印象深刻的事，她可能會說什麼？

愛德華：她會說，我已經不再搗亂，而且我在做我的課堂作業。

我　　：好的，讓我們回到你的量尺。在美術課結束時，你希望你可能會在這條量尺上的什麼地方？

他在9的位置做記號。

我　　：嗯……你是怎麼知道的？是什麼告訴你的呢？

愛德華：我會一直都在上課，整堂課都不搗亂。

我　　：你是怎麼辦到的？

愛德華：我就是可以。

我　　：我們現在就要結束了。有兩件事要做。下週我會再來學校跟你見面，當我們見面時，我會問你注意到什麼顯示出事情有所好轉。所以，這是你一整個星期的工作，注意什麼事情有所好轉。現在，告訴我，你的工作是什麼呢？

愛德華：注意有所好轉的事。

我　　：很棒。在這半小時裡，你注意到有什麼事情是還不錯的？

愛德華：呃……跟你說話，告訴你跑酷的事？

我　　：我有同感。下週一整個星期，你的工作是注意什麼事情有所好轉，然後當我們下次見面時，我會問你這個問題。最後一件事是讚美。你想要誰先？

愛德華：你先。

我　　：我對你的讚美是你今天晤談的狀況。我問你很多問題，你全都給我回應。我對你的讚美是因為你的表現。你對你自己的讚美是什麼呢？

愛德華：是我的量尺。

我　　：那是什麼呢？

愛德華：我說我會進步到9。

我　　：愛德華，我們下週見，到那時候我會問你注意到哪些情況讓事情有所好轉。

愛德華：好的。Geoffrey，再見。

我和愛德華在一個月之內會面五次。我們很快就決定一套例行的程序，每次大約需要20分鐘。他持續注意什麼事情正往好的方向進行。我們以評量問句追蹤及確認他的進步。進入第三週，他已經回教室上理化課。當我們最後一次晤談時，愛德華主動讚美我所做的事。我再次見到他的社工，她告訴我愛德華的新學校還有他的新寄養家庭，兩邊都已經底定。他會在暑假一開始就搬過去。兩年後，我看到愛德華走上舞台，領取他的獎項。

成功的教育方法

愛德華迅速的改變了他的行為；在30分鐘的談話過程中，他發覺自己必須做點什麼以實現他的最大期望。他評估自己目前與他最大期望的相對位置，還有實現目標所需的改變速度。回到班上後，他開始去做該做的事，並且始終保持優秀的成績。

轉變的證據就是他的成就。從故事裡可以看出我的角色是老師，因為事實也是如此。我應該要知曉造成問題的來龍去脈，但是採用焦點解決取向意謂著我要探究的是，在問題解決之後愛德華的世界會成為什麼樣子，並不是探查問題本身。我對問題的細節沒有興趣，例如：在理化實驗室內發生了什麼事，還有如何、何時及為何發生。我不去找可能導致他行為的原因，那些行為分析師所稱的「導火線」。和愛德華晤談之際，我幫助他反思探究他對晤談結果的最大期望、他的能力和優勢，以及他在計畫進行中的現況。為了經歷閃現心流，我邀請他關注自己的成功時刻，並給他一項找出成功跡象的學習任務。愛德華完成他的任務，追蹤自己的進步，以適當的改變速度自主獨立的調整他在學校的行為，並在指定時間內達成他的最大期望。

反思

如果說愛德華是學生，而我是老師，我們能說這歸屬於一種教學活動嗎？

如果是，我們正在進行哪一種教學方法呢？

選擇教學法及其蘊含的問題

在我說故事之前，愛德華的老師們曾認真負責的教他在學校裡要守規矩。當然，學生也不只受到老師的影響而已，但學校對於確認學生跨課程的學習狀況應負起責任，其中的課程並不囿限於學術科目。這是「個人、社會、健康教育課程」（Personal, Social and Health Education curriculum, PSHE）[1] 中的一項觀點，但在 2014 年的英國國定課程中並非法定（DfE, 2014），意指沒有正式的學習計畫可以遵照辦理。不過，學校被教育部告知，他們「應該針對 PSHE 課程預做安排，並規劃完善的實施辦法」。想當然耳，「完善的實施辦法」應該要包含告知學生們學校的規定及例行事項，因為違反行為規範而制定的懲罰，其本意是為了幫助學習。

英國 PSHE 協會在網站上提供一項計畫範例。我在此提及這項計畫，但沒有推薦的意思。「個人、社會、健康與經濟教育課程」被視為是學校課程中重要的組成項目之一，它涵蓋大部分的學習範圍，包括：個人發

1 英國於 2000 年教育改革法案中，制定國定課程除了傳統學科外，再加入「個人、社會、健康與經濟教育課程」（Personal, Social, Health and Economic Education，簡稱也是 PSHE）。

展、建立自信、復原力和自尊；危機管理和決策；學生自我認同的建立與形成；理解並接納差異和改變；了解各種情緒；社交溝通（PSHE Association, 2014）。那麼，預期的學習結果有哪些？學生的自我認識（self-knowledge）、同理心、團隊合作的能力、預備就業的工作技能，這能讓他們妥善管理並更加享受自己的生活。至於「行為」方面，如果這個 PSHE 課程對愛德華管用，那麼我們可能永遠不會見面。

這項受到推薦的 PSHE 課程要怎麼教呢？透過主題式教學（thematic instruction）將學習課程分成不同主題或綱要。主題式教學和認知技能有關，例如：閱讀、記憶和書寫每天的生活內容。這將學習焦點從學科領域轉向各種議題。身為一位主題式教學的老師，你先要決定進行 PSHE 課程中的哪個主題，每個主題要花多少時間，然後開始尋找素材。從所取得的素材中，你可以選擇主題內的特定學科來實施教學。由於這種方法是「議題導向」（issue-based），意即各項主題都沒有確定；例如，該教學生哪種知識以做為危機管理的能力，這是老師要決定的問題。採用哪一個真實的生活情境，來教學生因應危機以及這項新知的用途，很大程度要取決於老師整合學習素材的能力和經驗，但這很少有一致性。就在愛德華即將要被踢出學校的燃眉之際，主題式教學能成為對他有所幫助的教學方法嗎？我們不得不做些有別於以往的事情以迅速取勝。但那會是什麼呢？

行為政策、教學方法和實務工作

英國的各級學校應該都已經制定好學習和行為政策，學校督察們希望能在他們視訪時看到這些。愛德華所就讀的學校有一套典型的中學行為管理政策，實際推動學校的行為課程。該政策積極展現出學校支持所有學生在個人、社會和道德方面的發展，培養律己、尊重人我環境、質疑和理性辯論的能力及負責任的習慣。政策認定所有學生都是理智的且具責任心，裡面詳細列出什麼是好的行為，並且聲明行為政策不具懲罰性質，但當中卻有一整頁詳列「獎懲條款」，另外還有一項在學生違反校規時所使用的「懲罰」附錄。在學校行政者的心裡，中小學生應有一套明確的行為守則。

學校打算如何依照政策實施行為教學課程呢？對行為心理學家來說，學習的意義是指獲得新行為以回應外界的刺激。懲罰被當作外在刺激而放在行為政策的文件中，藉以敦促那些不識規定或明知故犯的學生學習。以行為心理學為基礎，最廣為人知的教學方法是指導式教學。至少就表面來說，該方法的某些重點顯示這是適用於教導行為課程的教學法。例如，指導式教學的核心原則之一是老師負責學生的學習。如果學生學習失敗，那是因為老師教得不好。正如 Ofsted 的首席督察長所言，優秀的老師在教室裡充分表現權威，掌控並指導學生在教室內的學習與行為表現（Ofsted, 2013）。

指導式教學的所有方法均是依循事先規劃好的步驟，運用教案、反覆操作與練習，並且有系統的訂正錯誤。不以學生為主，課程本身才是重點，例如：提升自尊和人我關係和諧等這類學習成果則不予強調。指導式教學就是行為學派在教育學上的最佳代言，這儼然成為教導行為的預設教學法。於此，學校採用行為主義的獎懲制度做為學習強化物，然後學生的行為被這樣的校規所制約。也就是說，為了幫助維持這種新的學習，學生如果不服從，懲罰只會越來越嚴厲。行為主義對學習者的觀點是意圖去人格化及去人性化，並以「這是一種行為，而不是一個孩子」做為制約目標。把違反規定者與其他學生隔離、奪去他在學校裡的社交機會、在上學和週末時留校察看，或者處以臨時或永久停學，這些用於操作制約中的方法卻被公認是適宜的懲罰。

如同現任學校總督察及 Ofsted 的局長 Michael Wilshaw 爵士所言：「這並不是什麼高深的學問。孩子需要知道規定，而老師們則需要知道當他們在執行這些規定時將得到支持。」另外他補充說明，那些最佳的學校領導者，其成功之處就在於對行政人員、中小學生和家長們說明解釋並強制執行他們的要求。他說：「我知道太多學校校長模糊了友善和隨便的界限，然後漸漸失去尊嚴。畢竟，每花一小時和一個到處搗亂、尋求注意的學生相處，這就表示損失一小時的時間讓其他學生穩妥的獲得正常教育。」

（*Guardian*, 2014）。指導式教學和懲罰相輔相成，去人格化的制約消除了權威者界線模糊的危險性。這個方法可能對大多數聽話順從的學生有用，因為他們會去執行被交代的事項。但是當這個方法不管用時，又會發生什麼事呢？像愛德華這樣的學生，該怎麼辦呢？他經歷過指導式教學和獎懲制約。他需要一些改變，而他所剩的時間已經迫在眉睫。從問題中心移轉到焦點解決和解決式支持，又會造成什麼差異呢？

做些不同的事

進入 21 世紀的頭幾年，我的雇主時不時會舉辦一項強制參加的完善培訓課程，名為「焦點解決短期治療導論」。早上，我在一所學校裡工作，到了中午，我們享用當地婦女會事先預備的美味午餐，下午我們進入研習課程。Harvey Ratner 擔任主講，他是 BRIEF [2]（www.breif.org.uk）的創辦人之一，也是這個協會將焦點解決取向正式引入英國。

Harvey 介紹焦點解決短期治療（SFBT）的核心概念，並且邀請大家舉出一些基於這些原則來向個案提問的句子。我覺得這似乎不是太難，所以我舉手表示自願。我提出我的問句，Harvey 和善的讓我知道，雖然我的問句很有用，但或許有更好的方式提問。他重新以焦點解決式問句表述一遍，提供給我做為參考。我意識到這並不像我所想的那般容易，在這場超棒的研習結束後，我上前問他如何能找到關於這個取向的更多資訊。

差不多也在那個時候，我收到一位轉介而來尋求行為協助的小男孩，那是他在小學的最後一年。轉介單位告訴我，他面臨即將被處以永久停學的重大危機，因為他在學校對其他小孩有暴力行為，連警察都認識他。轉介單位提出一項非常重要的可能性因素，是在他年紀很小的時候，他曾親眼目睹一位家族世交做出極其暴力的行為，而他從來沒有獲得任何諮商或其他協助來處理這件事。

---

2 BRIEF：指的是英國「短期治療實務」機構 The Centre for Solution Focused Practice，成立於 1989 年，Evan George、Chris Iveson 和 Harvey Ratner 是主要的創始成員。BRIEF 目前是歐洲最大的焦點解決訓練機構，每年都有四千多名專業人員參加課程。

這個轉介單位要求我立即回應，雖然他們很同情他和他的家人，但是學校已經盡了最大努力，即將要讓他永久停學。我擔心如果進入這種潛在性的創傷經驗，我可能會讓事情變得更糟，因為也許在我試著做些有用的事情時，我不知道要如何才能同時保證他的安全。一般的行為支援方案應該是問他出了什麼差錯，並試著找到真正問題的原因。但我並不打算這麼做。

差別就在於做些不一樣的事

憑藉著導論課程的訓練以及閱讀《焦點解決在學校》（*Solutions in Schools*）[3]一書，我知道焦點解決取向指引我一條明路。轉介單位認為學生所經歷的創傷可能是造成他暴力行為的原因，但這當然也可能並不屬實。我是老師，不是治療師，我沒有專業的職權去評論這個問題。如果我採用焦點解決取向，至少我們能取得一些進展，而且重要的是：就算是最糟的情況，我也不會造成傷害。

我就這麼開始了，一邊讀著《焦點解決在學校》，一邊和小男孩及他的媽媽面對面進行晤談。這是我第一次的焦點解決經驗。他不再打架而花更多時間在踢足球上。在對話中，我們討論了很多他所擅長的事。他從來沒有提過童年時的可怕經驗。後來他順利升上中學，然後在那所學校就讀。

結論

五年後，我進入劇場參加頒獎典禮。我經常回應許多要求協助的邀請，那些情況常常是處於絕望的境地，無論何時何事，我知道我都可以依靠解決式支持。

---

3 本書原文書名為 *Solutions in Schools: Creative Applications of Solution Focused Brief Thinking with Young People and Adults*，由 Yasmin Ajmal 及 Ioan Rees 於 2001 年出版，目前並無中譯本。

它是怎麼運作的呢？
是什麼差異能做出不一樣的事？
這些問題帶領我們進入下一章。

參考文獻

Ajmal, Y. and Rees, I. (2001) *Solutions in Schools: Creative Applications of Solution Focused Brief Thinking with Young People and Adults*. London: BT Press.

Department for Education (DfE) (2014) *The National Curriculum in England*. London: DfE.

Freire, P. (1998a) *Pedagogy of Hope*. New York: Continuum.

Freire, P. (1998b) *Pedagogy of the Oppressed*, New Revised 20th-Anniversary edn. New York: Continuum.

Guardian (2014) 'Headteachers too soft on unruly pupils, says Ofsted chief Sir Michael Wilshaw'. Available at: www.theguardian.com/education/2014/sep/25/headteachers-too-soft-unruly-pupils-ofsted-chief-sir-michael-wilshaw (accessed 11 May 2015).

Ofsted (2013) 'Ofsted Annual Report 2012/13: Schools report'. Available at: www.gov.uk/government/publications/ofsted-annual-report-201213-schools-report (accessed 11 May 2015).

PSHE Association (2014) 'PSHE education programme of study (key stages 1 – 4)'. Available at: www.pshe-association.org.uk/resources_search_details.aspx?ResourceId=495 (accessed 11 May 2015).

8

動機和行為改變

閱讀這一章的內容，讓你有機會可以：

- 思考如何改變動機
- 思考你如何支持學生改變行為的動機

將讚美、獎勵和懲罰做為改變的動機

有幾項老生常談的建議，常用來叮囑有志成為有效能教師的新手們，其中最被強調的是建立師生關係及敬業態度。當一位有效能的老師做到這些事，就能激勵學生與之合作並促進他們的學習狀況。

一位就讀一般學校的 15 歲學生，他的考試成績遠遠落後於老師們的期望。各科老師、牧者及資深行政人員試過所有常用的方法，來幫助他趕上進度、完成作業，並且更加注意他的所作所為。讓他們覺得最為沮喪的是，學生的潛力似乎就要被浪費了，但他自己顯然沒有動力想要改變。

其中一位資深教師為了尋求協助而將這名學生轉介給我。她說她知道我在學校和那些有行為問題的學生晤談，她想知道我有沒有可能幫忙這個學生，雖然他不完全算是一個行為問題的案例，但現在他似乎卡在某個地方，而且早已放棄繼續努力。這個學校已經依照政策執行相關計畫，但是學生一直沒有改變，他的課業還是嚴重落後。我準備和他單獨會面，而不是那種很多人一起參與的大型會議。我請那位資深老師告訴他，這次會面也許會幫助他更清楚了解，他自己對在校最後幾個月以及離校之後的期望。他們告訴我，他的父母非常渴望嘗試任何能幫得上兒子的方法。

失約

我依約來到學校。學校的聯絡人帶我進入晤談室，然後她去接學生。一會兒後，她回來告訴我，他不來見我。她花了一點時間，因為他正在操場上玩。她向我道歉，但是我請她放心，這不是她的責任。我對晤談失約的情況總是有所準備。我請她告訴學生，下週同一時間，同一地方，我一樣會到校。我期待和他見面，然後請她提醒學生，我們將一起做的事情是為了幫助他釐清自己在校期間及離校之後所期望的事。下一週，當我到達時，他已經在晤談室等我。我為我晚到幾分鐘而致歉。我們互相介紹名字，然後我問他對於這次的晤談有什麼想法。他說，有人告訴他是關於他的期望。

我　：所以，這能成為我們今天晤談的好理由嗎？我們一起為你想實現的期望做點事情？

學生：嗯。

我　：那太好了。讓我們先把剛才的話題暫時擱置一旁。我想問你一些不一樣的事情。

如果你已經讀過其他章節中的焦點解決教學案例，到這你會越來越明白接下來所發生的事情。

我問他什麼是他最喜歡做的事、什麼是他最擅長的、其他人覺得他最棒的是什麼、他的老師注意到他什麼地方表現得很好，還有他們認為他有哪些優點。我問他，什麼讓他的同班同學對他刮目相看。根據他所說的內容，我做了一些簡要的紀錄。

約莫十分鐘之後，我跟他一起回頭確認我所寫下的東西，他的優勢和資源，然後問他這些對他來說是否如此。他說，他認為是這樣沒錯。

我：現在，讓我們回到原本的計畫和我們剛剛先擱置一旁的問題，來談談有關你希望實現的事。明年夏天，這裡就要結束，我想知道在剩餘的在校時間裡，你的最大期望是什麼呢？

他說他希望能順利通過考試，畢業後就讀預科學校專修大學課程。我在我的筆記本上畫一條從 1 到 10 的量尺，然後我把本子和筆一併遞給他。

我：如果 10 表示在夏季學期結束後，你順利通過考試，而後將有一個漫長的假期，這讓你知道你已經做到了，好……那麼，1 是指你處於和一週前相同的情況……此時此刻，你會把自己放在這條量尺上的哪個位置？

他在 7 的地方做記號。

我　：7 告訴我，在學期結束之前，為了到達 10 ，你已經做了很多事情。是什麼讓你知道，你現在在 7 呢？

學生：上個禮拜我完成了很多作業。

我　：原來如此，你的老師注意到哪些事讓他們知道你已經在 7 的位置了？

學生：我已經不再鬼混了，我剛剛才寫完作業。

我　：原來如此。所以你是怎麼做到的？你是怎麼不再鬼混而開始寫作業的呢？

學生：我想我就是知道我能做到，好啦，如果我能多用功一點點的話。我想找到一份好工作。

我　：在一週的時間內，你希望在這條量尺上的哪個位置？

學生：8？

我　：我明白了。我們現在需要做個結尾，還有兩分鐘。有兩件事情需要做，給你一個讚美和請你做一件事。你的工作是注意那些對你來說情況有所好轉的事情。下週我們再見一次會對你有幫助嗎？

學生：有。

我　：那麼，當我們下週見面時，我會問你注意到哪些進展順利的事。我要讚美你的地方是你積極主動，並下定決心處理學校的事，還有你在上週打起精神完成功課。當你在量尺 7 的地方做記號時，這些是我所觀察到的。現在你願意給自己一個讚美嗎？

學生：好。也是同樣的事情，我知道該做什麼而且我已經在做了。

下一次的會面，我們談了十分鐘。他告訴我那些進展順利的事，他在量尺 8 的位置畫上記號，他告訴我，他知道該做些什麼才能到 10。我問他再次見面是否對他有所幫助，不過他覺得不需要，他說他知道該做什麼，只是到現在還沒完成。

我讚美他並給他相同的任務，持續尋找進展順利的事，然後我們道別。我到教職員辦公室和那位負責轉介的老師見面，讓她知道學生和我已經完成我們的工作，而且所有情況看來都順順利利。

老師：太神奇了，你究竟是怎麼做到的，速度這麼快？你只見過他兩次。

我　：因為我並非僅憑一己之力。學生自己也投入其中，而且他一直在努力。這正是焦點解決所做的事，事實就是如此。

反思

在我們首次見面的前一週，何以學生會做出重大改變？我曾經留一則訊息給他，內容是就他對學校的最大期望，我們不妨一起做點事，不過，他僅靠著自己的力量開始著手改變。

- 他解決當前問題的動機本質是什麼？
- 你能說明我們之間的關係嗎？

談談動機

不是這個學生沒有想要成功的動機。他每天穿著校服上學，坐在教室裡沒有在課堂上製造任何麻煩，他喜歡跟朋友們在一起，他做所有的事情都有自己的理由。所有青少年都會在生活中遇到抉擇，並且在某些地方鍛鍊自己的獨立性。他選擇不做功課，他選擇不來見我，而且他選擇用他的方式將這些事情理出頭緒。然後他選擇來見我，也選擇當工作告一段落時就結束晤談。除了用他所遇到的問題來為我們的計畫命名以外，我們沒有談到問題本身的內容。我沒有給他建議和指導。我讚美他，但沒有表揚他的成就。我沒有問他覺得自己做得怎麼樣。我關注於行動，那些正在發生的事情以及改變的證據。事實證明，他憑著自己的力量就開始執行計畫。等到我們真的見著面時，他已經穩當的走在自己的路上，用他的方法解決自己的問題。

在師資培訓的過程中，你將會在各種課程中碰到一系列教學法的選擇，有些你已經在課堂上見識過，而有些你自己可能正在採用。每個老師所選用的教學法大相逕庭，但無論哪一種教學法都會直接或間接說明他們對於師生關係的想法，範圍涵蓋從高度教師本位到完全以學生為中心。

反思

分別就控制、責任、動力和動機等四方面，思考以下兩種師生關係類型的基本形式：（1）以教師為中心的教學法（teacher-centred pedagogy），以及（2）以學生為中心的教學法（student-centred pedagogy）。

在你的筆記本上記錄討論內容。

從實務觀點來看，我們所採用的教學方法取決於教學內容。以我自己實際工作的案例為證，探究式的教育法幫助我成為一個有效能的教師。實際上，「從實踐回到理論」的策略讓我避開某些教育者所熱中的傳統（或革新）學科競賽。這也騰出一些空間，讓我思考教師工作中所蘊含的倫理與道德。

有效的事多做一些而不偏袒

我們希望改善某些學生的不當行為，但通常他們似乎缺乏動力改變。你可以安如磐石般的實施控制和懲罰，雖然可能沒用，但也許表面看起來是解決了問題。你也可以採用不帶批評的關懷做為信念基石，但是這也不一定會讓他們改變自身的行為。有些老師和教育學作者堅持認為有效教學的出發點就是需要服從，因此在教室裡是要以教師管控為主，還是隨學生起舞，這當中的教學抉擇不言而喻。要不就是老師著手進行紀律管理，要不就會被責怪失職，這種非此即彼的選擇通常被包裝在傳統對抗革新的教育語言之中。有些人願意接受除了獎勵與懲罰之外的其他辦法，特別是不用懲罰就能處理不當行為的日常措施，但是似乎並未出現既可靠又可行的替代方案。這些老師多麼希望學生們是樂於合作又能獨立思考，而他們在提出挑戰與接受挑戰之間有著明確且安全的界線。為數眾多的證據顯示，從外而來的控制與管教無法達成這個目標（Webs of Substance, 2013）。文獻中的普遍共識認為，教育中的某些特徵是促進學習並預防初步的行為問題。這些特徵包括：投入、實質性、目的、參與、學生自我評估、步調和正向回饋。

成為效能教師所指為何？

成為一位有效能的教師意指為何，大家對此已形成普遍性的共識，這可藉由大量的教育學研究結果印證，其研究範疇涵蓋從高度教師本位到完全以學生為中心。其中一端是以教師為中心的指導式教學（direct instruction）做為代表。Hattie（2009）針對八百篇公開發表的效能研究進行大規模後設分析之後，大力提倡這種教學方法。研究結果顯示，這種教學法對教導具體技能很有效果，英美兩國學校將其廣泛運用在識字、計算和數學能力等課程。身為一位完全掌握課程及教學主題的教學者，老師決定學習目的及成功標準，讓學生對此也都清楚明白，再透過示範進行教學，評估學生對於內容的了解程度，且從一開始進行教學時就反覆闡明，所有內容都與學習目的相連結（2009: 49）。就像為高度結構化課堂中的教師本位教學過程下了一個註腳，Rozzelle 與 Gregory（2010）補充說明，這種學習過程從老師設定學習階段開始，隨著課程持續進行，老師會逐步的將學習責任釋放到學生身上。

有效的指導式教學意謂著具洞察力的老師能發現潛在的行為問題，保持客觀情緒並採取預防措施。老師營造教室氛圍，讓學生能共同努力並獲得正向的學習效果，藉此提升教室內的凝聚力（Hattie, 2009: 102-103）。老師尊重學生並促進良好的師生關係，以傾聽、同理和積極關注對待每一位進入教室的學生（2009: 118）。這是可以理解的，因為即使再周詳的教學計畫，也不一定適用於教室裡的每個學生。他們必須被吸引。Hattie（2009）在《看得見的學習》（visible learning）中提到，老師絕不是把學生當成機器人的程式設計師，他認為做為一位有效能的老師需要有覺察力、成熟的情緒及同理心、主動傾聽並積極關注他們的學生。有效能教師運用指導式教學法，對學生們的需求、反應和多樣性展現出關懷及尊重的態度。

Hattie 與 Yates（2013）在最近一本關於《看得見的學習》的書中[1]，討論良好師生關係的正面影響力。他們引用研究數據證實，課堂上友善且溫暖的環境能提高學生的考試成績，也有助於在學習成就及對學校的態度上建立持久的實質效益。不過在教師本位的前提下，假使教室中充滿著友善溫暖的氛圍，而當老師發現潛在行為問題而需要採取預防行動時，Hattie 與 Yates（2013）並沒有提供可取代懲罰的替代方案，用來糾正不好的行為。

---

1 John Hattie 著有一系列關於《看得見的學習》的書，作者這裡提到的是 2013 年出版的 *Visible Learning and the Science of How We Learn*，目前尚無中譯本。

反思

如何在以教師為中心的教室裡，運用解決式支持來因應行為問題呢？

就學生的學習動機來說，如果指導式教學的某些特點符合焦點解決取向，那會是什麼呢？你可以回頭閱讀上面的案例以幫助你思考。

那麼在教師本位教學法的另一端，以學生為中心的有效能教師會做些什麼呢？蒙特梭利教學是一項為人熟知以學生為中心的教育方法，在一個世紀之前，由 Maria Montessori 創始，全世界約有兩萬所學校採行。首先，具效能的蒙特梭利教師會創造平靜且愉悅的氛圍，讓孩子進入一個高效率的學習環境。在兼具美觀的環境中，老師採用經過特別設計、精心安排及具實用性的全套蒙特梭利教材來教導學生。老師備妥用來促進獨立、給予適度自由及維護秩序感的教室。換句話說，這是經過縝密思量後的教室管理。

老師對於課程知識內容的控制權，採主導或共享兩類不同觀點，會造成教學策略的極大差異，但就預測師生關係而言，Hattie 與 Yates（2013）認為「友善且溫暖的環境」很類似 Montessori 所說的「平靜而愉悅的氛圍」。Montessori 採用「教師—環境—學生」的模式，創建學習金三角。Hattie 與 Yates（2013）也有相同構想，雖然表達方式不同，但是在期望培養博學多聞及行動獨立的學生上，和 Montessori 有一樣的意向。經驗豐富的老師熟知這項關係的重要性，教育專家認為這是一項重要因素，可在課堂中建立合作及彈性的學習環境。當你進入教育現場，很可能你早已深知師生關係的重要性。問題是，你要怎麼做到這一點？

行為改變的界線

我用自己二十多年來的實務經驗，在這本書中以案例的方式為你提出實際證據。我最大的期望是藉由這些在你面前忠實呈現的證據，能讓你更有自信的建立自己的實務工作，成為一位具有自主能力的專家。這些都是關於學生在學校裡有所轉變且益發成功的故事。全職工作且沒有接受任何研究經費的我，盡其所能在許多場合都採用焦點解決取向。我並不是孤軍奮戰。我們有五位焦點解決取向的老師組成一個團隊：Martin Bohn、Jill Brooks、Anna James、Gill King 和我。在各式各樣的學習及工作場合，我們並肩一同訓練、教導、督導及支援過數百人。我們定期會面以檢視我們的工作、彼此督導並開拓思維，即使身處於不同的職場依然如此。我們發現焦點解決對我們所工作的對象以及對我們自己向來管用，漸漸成為我們常態性的思維模式，以及我們在學校改變行為的慣用方法。我們也在一個大型的國際焦點解決社群中工作，其中的成員發現這個取向能促進改變。我們深信並主張採用這個取向，它既不用誇獎、獎勵和懲罰做為改變行為的手段，也不會為了用獎懲改變行為而去探究問題根源。

大家一致認為，以獎勵和懲罰做為改變動機是在學校裡最有效的方法，而這也成為唯一採行的重點策略。什麼理由支持他們這麼做？一般認為，雖然長期來說懲罰不誠然管用，但當我們面對那些極難對付的學生時，向來也沒有其他更好的方法。此外，還有所謂「自然公義」（natural justice）的說法，亦即不應該讓那些做錯事的學生們逃避，一道嚴厲的懲罰可以校正失調的行為。第一個觀點倒是真的，即使是最糟糕的學生或是最壞的人受到最嚴厲的懲罰，通常也不會就此扭轉他們的行為。懲罰不會讓他們變得更好，如果懲罰所指的就是紀律管教，那麼這就成了問題。Alfie Kohn 是一位老師，在他所寫的《用獎勵來懲罰》（*Punished by Rewards*, 1999）[2] 一書中提倡不用從外施加的紀律。與他同期的 Barbara Coloroso（in Charles, 1999, p. 217）也贊同 Alfie Kohn 的說法，學生自有良好的能力可規範自己在課堂中的行為，但她認為對於那些在真實情境中自然發生的事情來說，紀律仍具有中心地位（例如：同學們會給那些不合作的小組成員負

2 由 Alfie Kohn 所著之《用獎勵來處罰》（*Punished by Rewards*），出版於 1999 年，目前尚無中文譯本。

評，而後他們會因沒有做到分內工作而向小組道歉）。這是 Barbara Coloroso 所稱的「自然後果」（natural consequence），對新手教師來說，較為適切的作法是仔細思考自然後果是由什麼構成（Charles, 1999），然後在班上發展運用。換言之，運用縝密思考過後的方法來管理行為，並不一定表示要施以懲罰。

自從 Kohn 提出「用獎勵來懲罰」之後，發生了什麼事？

Kohn（1999）的書問世後，越來越多田野行動的證據顯示懲罰與獎勵不會把行為從壞轉好，即便如此，行為主義的理論大致仍掌控著學校的行為管理政策。倒不是因為證據不足，可能是因為沒有其他實務經驗和理論可供老師替換選擇，至少在焦點解決出現之前，沒有一個為人熟知的取向可以讓老師覺得值得冒險一試。

我們越來越清楚懲罰與獎勵不能促使學生改變。事實上，反過來才是真的。Kohn（1999）引據說到，相較於能鼓勵學生做決定的老師來說，高支配性老師所教出的學生自尊較低，且嘗試改變的內在動機也比較少。如果我們認為動機是一個人能主動去做些什麼，而不是幫忙他們完成，那麼這是一個非常重要的提醒。約莫經過 20 年，Pink（2009）在書中闡述，實際的矛盾點在於就算面對充分證據顯示懲罰無效，而且在最壞的情況下還會造成傷害，但在實際的工作中仍然會有人繼續使用。他回顧 Kohn（1999）的動機和獎勵，以及 Dweck（2006）所提出的心態的重要性。Pink（2009）引述研究提出證據，以外在動機驅使學生進行複雜的創造性任務時，會造成以下幾項不確定的結果：

- 內在動機消失
- 降低表現和創造力
- 抑制好的行為並助長作弊、抄捷徑和不道德的行為
- 表現只是為了獎勵而已
- 短視近利的思維模式

儘管有眾多缺點，但學校為了改變行為，習慣採用誇獎、獎勵和懲罰等方法，是公認的事實。在改變行為上，你要如何做出明智的抉擇，決定怎麼做以及何時該做呢？Pink（2009）演講時提到：「胡蘿蔔與棍子，只有在極少數的情況下才能發揮相當的功效。」

有時候很難記住某些生活中外來的例行工作，例如每天進學校簽到，它就是得去做。在班上提議持續兩週能每天將簽到的事做好，學生就會得到一項全班性的獎勵。這種能提升動機的外在因子不會削弱學生的行動自主性及內在動機，因為這並非他們自己所選擇的行動，僅僅是一組幾乎不含內在動機的固定程序。就不具風險性的例行作業而言，獎勵可促進工作表現。但如果需要投入更多創造力或是內在動機的工作（例如：學生決定每天放學前打掃教室，並且安排一個勤務輪值表），外來施予的獎勵只會讓工作表現更差。這跟我們的想法完全相同，如果在解決式支持的晤談中，某位學生能透過自身努力，在他們的行動中提升自我動機，最重要的是消除誇獎、獎勵、懲罰等外在的動機因子，因為這些會瓦解他們對這項工作的自主性、支配力和企圖心。我們這些老師在事先沒有告訴學生的情況下，一下子從仰賴外在動機跳到激發內在動機，然後過一陣子可能又再跳回去，這會讓學生感到困惑。我們到底是希望他們變得短視近利，還是期望他們成為能長遠思考的人？他們應該是有具自主性，還是只能循規蹈矩？我對該怎麼做感到很迷惘，但似乎對某些人來說並沒有差別。

結論

在這一章中，我邀請你們思考學生改變自身行為的動機。我對以下這個假設提出質疑：「對身為老師的我們來說，獎勵和懲罰是促進行為改變的最好工具」。這是做為新手教師的你正要邁入的領域，你必須詳細規劃實際執行及潛在的課程內容，什麼是你在實務工作中必須去做的，而什麼又是你可能會做的？身為老師的你可能正盯著這些理論說明而發出疑問：「我要如何抉擇這些方式，另外這將會對我的學生產生什麼影響？我該怎麼做？」

這裡有個建議。連結教室內的工作以及適合的激勵因素，詳細列出你為了規劃教室所需進行的工作，再將每個任務歸類到「例行工作」或「自由發揮」這兩個分類中。在「例行工作」中，外在動機促使改變發生；而在「自由發揮」中，改變是與內在動機相關。在「例行工作」的分類中包括不能協商、需要遵循規則的程序，就是你打算在教室裡使之成為自動化的那些行為。在清單上評估每項工作表現是「很好」還是「需要改變」。

針對「需要改變」的任務，羅列一張新的清單，並且反問自己：「假設其中之一有些改變，而這項改變會大大改善班級運作方式，哪一項會具有最大影響力呢？」選擇這一項做為改變的目標，並決定你在目標達成時會給予的獎勵。

Pink（2009）對實務上增加獎勵的內容，提出三項建議，外加一項附帶考量。

1. 和學生一起討論何以這項工作是必要的，例如：「與其只是進來、坐下，不如我們花點時間多做一些有趣的事情，而且這能幫助我們增進團隊合作」。
2. 如果這是一個必要的例行工作，當你和學生談論時提出任務名稱，並和他們共同建立工作項目。
3. 一旦你設立明確的預期結果，允許學生以他們自己的方式執行，無須精確規定完成的方式。例如：「如果在進教室後的兩分鐘之內，大家準備好開始上課，那麼我們可以開始進行緊接而來的有趣課程」。
4. 還有，記住自我動機的行動要素：自主性、支配力和企圖心。

「自由發揮」中的工作也是一樣。 記住自我動機的行動要素。分辨工作類別是一項值得你花時間做的事。跟學生討論為什麼這是必要的，並決定你要如何使班上團結合作，還有你將如何知道這是有效的。當完成目標時，團隊將再度共聚，然後一同表彰這項成就。

參考文獻

Charles, C. (1999) *Building Classroom Discipline*, 6th edn. New York: Addison Wesley Longman.

Dweck, C. S. (2006) *Mindset: The New Psychology of Success*. New York: Random House.

Hattie, J. (2009) *Visible Learning: A Synthesis of Over 800 Meta-Analyses Relating to Achievement*. Abingdon: Routledge.

Hattie, J. and Yates, G. (2013) *Visible Learning and the Science of How We Learn*. Abingdon: Routledge.

Kohn, A. (1999) *Punished by Rewards: The Trouble with Gold Stars, Incentive Plans, A's, Praise, and Other Bribes*. Boston, MA: Houghton Mifflin.

Pink, D. H. (2009) *Drive: The Surprising Truth about What Motivates Us*. London: Riverhead.

Rozzelle, J. and Gregory, V. (2010) 'Visible strategies for increased learning'. Available at: http://education.wm.edu/centers/sli/DLST/links/VTALL/pdf/Visible%20Teaching.pdf (accessed 1 March 2015).

Webs of Substance (2013) 'Visible learning and the science of how we learn: a review'. Available at: https://websofsubstance.wordpress.com/2013/10/21/visible-learning-and-the-science-of-how-we-learn-a-review/ (accessed 1 March 2015).

9
改變習慣、轉換想法

閱讀這一章的內容，讓你有機會可以：

- 當你採取某種特定的取向幫助學生改變行為時，想想當中可能發生什麼
- 形成一項論點以支持你身為教師在行為改變上的工作
- 投入專業發展的歷程讓你有信心面對學生改變的過程

快速改變的意涵

在我的工作中，學生行為改變快速是一貫的特點。正如我在這本書裡所提的眾多實例，很多情況僅是單次談話就能使學生往自己所期待的方向展開行動，並且在學校取得成功。希望改變的學生在第一次晤談後可能需要更多的支持，但是改變發生得非常迅速，有時候甚至在第一次晤談之前就已經開始。

Pink（2009）的第三驅力（內在動機）是一項可以接受的解釋，它說明促進改變的因子、發生的原因，以及需要考慮何以發生。從外表看來，解決式支持的結果就像一個啟動的開關，行為從某種狀態或形式切換成另一種。我常常被學校行政人員、家長和學生的照顧者問到：「你是怎麼做到的，速度怎麼會這麼快？」有一次在某所幼兒園，我和一位小朋友順利

的晤談完之後，我正要去開車，他的媽媽追了出來說：「我只是想告訴你，我一直跟我的朋友談到你以及你所做的事。我們稱呼你是『童語專家』，你看起來好像沒做什麼，但一切都已經改變了。」在某所小學的一次晤談結束後，我正要離開學校，校長說：「當我們需要另一次奇蹟時，我們能再見到你嗎？」有時候看起來就像施了魔法一樣神奇，但是這種切換到另外一種方式的情況正是真實改變的證據，而我想要試著了解它。

神經元可塑性（neuroplasticity）：改變大腦

大腦可塑性（brain plasticity）與行為及行為管理有什麼關聯呢？隨著時間累進，偶爾發生的不當行為會鞏固成習慣行為，某種程度似乎是學生被自己的習慣所控制，而習慣抗拒改變，或者說至少不受學校標準的行為管理政策所影響。這種快速從舊有習慣及不良行為中改變的模式，和傳統由老師主導教學計畫並預期成效的學習方法並不相同。透過教學獲得新行為的傳統觀點是：「我應該要為了改掉不良習慣而設定學習目標，在學生的學習中明確提出步驟，提供機會執行、修正錯誤，藉由審慎運用獎懲制度，敦促學生維持目標並為之努力」。如果真的用這種方式改變行為，通常是耗時又費力。但是在實施焦點解決的時候，我發現新的學習會切斷不好的習慣，在此同時開啟更多成功行為。這是怎麼發生的呢？依據大腦可塑性運作的概念，運用解決式支持所提供的教學框架會促發處於休眠狀態的神經元心智圖，並使之重新啟動。

大腦是固定不變還是具可塑性？

最近，神經學家開始注意到大腦可能是具可塑性且不斷變化的，而不是像以前所想的那樣固定不變（Merzenich, 2013）。他們認為大腦中的某個區域可以被另一個取代，而且這可能發生在生命中的任何時期。他們也發現因為受到內在與外在的事件訊息形式所影響，腦內的變化時時刻刻都在發生。這種想法與早期認為大腦只在特定區域執行特定功能的「大腦功能定位論」（brain localization theory）形成對比。受到1860年代 Broca 和 Wernicke 的啟發，大腦被認為是像一組機械且固定不變的這種概念，從19世紀直到現在仍有強大的影響力。1952年，匈牙利的 András Petö 將大腦可塑性的概念應用於動作控制困難的兒童身上，以教育模式取代當時更為普遍的醫學模式。他不認為這是一種治療方法，而是放大視野從共同學習切入，並建立「引導式教育」（conductive education）。這與1980年代所興起的焦點解決取向產生共鳴，因為兩者都不歸屬於醫學模式，而是教育取向的行為改變方法。

大腦可塑性現今成為一項備受關注的研究項目。我們知道從外在環境而來的訊息確實能影響並改變大腦中的特定途徑，這也驗證一句話：「你是你所想」（you are what you think）。你認為你能做到某件事或者你覺得你做不到，那麼事情就會真如你所想的那樣發展，正如 Dweck（2006）所詮釋的：在大腦中的想法會帶來具體的變化。神經學家正致力於提出大腦可塑性的科學性解釋，可塑性是如何在細胞中運作，還有人體的外在環境與內部構造又是如何與立體的「大腦皮層定位圖」（cortical maps）形成交互作用。他們也關心在不同生命階段的大腦可塑性程度。就此而言，大腦不再被當作是由固定零件所組成的某種電腦，單純依照所輸入的程式做回應。大腦，或者更確切的說是大腦和心智，隨時對所有的刺激產生知覺和反應，包括想法和情緒。它在過程中隨之改變，並產生如想法和情緒、行為和動作等等的行動。社會大眾慢慢接受大腦可塑性的概念，當我們思考何以學生會如此突然的改變他們的行為時，這是一個有助於理解的觀點。

可塑的改變

神經科學的關鍵是神經元（neurones）（具有電位興奮性的神經細胞組成我們的神經系統），它們相互激發、協力傳導電訊。大腦神經元對所輸入的訊息產生反應，並在一套三維的網絡中共同合作、處理訊號。為了傳輸訊息，新訊號會刺激之前可能沒有連結過的神經元，而對神經元來說，如果再次接收到相同訊號，它們就會形成一種共同構成新功能網絡的趨勢。「熟悉」，意思是被指定的新傳訊網絡以及原本形成的網絡，兩者之間增強連結。如果相同訊號頻繁的重複輸入，那麼這個網絡就會一再的被激發。跨越不同網絡上的連接點有更多機會合作，直到這個網絡最終成為專門處理某項特定訊息，這時自動化反應形成。當已認證過的訊息再度進入大腦時，大腦會用最少的能量加以處理，並將該訊息直接導向指定的神經網絡。

大腦會將絕大部分的外來訊息導入已先建置的網絡，而需要進行新的連結時，大腦會將雖然新但相關的訊息連結到原有的網絡上。形成慣性網絡是可塑大腦的重要活動，從適者生存及因應挑戰的演化觀點便不難理解。看見一顆從高處正要掉到你頭上的石頭，比較好的存活策略是當下立刻跑開，而不是站在原地思忖這種情況該如何是好。大腦持續掃描環境中的外在訊息，其中的景象、聲音和氣味，加上身體內部的各種訊息，例如：荷爾蒙變化、體溫、壓力、方位等等同時被傳送到這裡。龐大且持續不斷的訊息流湧入，而大腦須盡可能的處理這些被送來的訊息，因此只有相當新的訊息進入並要求注意時，大腦才會查詢這些訊息以便決定要傳送到何處。雖然大部分輸入的訊息都由原有的神經網絡處理，但即便如此，光要維持這些網絡的運作也已經耗掉大量的精力。因此僅只有限的輸入訊息能得到進一步的探詢。如果太多訊息需要關注，這會超過大腦負荷，因此那些訊息就會被直接忽略（Doidge, 2007）。

神經學家使用大腦造影發現，建立一個新的自動化神經網絡可能需要花很多個月，一旦形成就會持續投入運作。倘若透過反覆背誦與練習輸入大量且充足的訊息，則可以在期限內建立少數幾個處理特定資訊的神經網絡。在這個情況下，關鍵性的訊息能很快重新激發那些閒置的神經網絡（Pascual-Leone et al., 2005）。給予正確的訊息能再次迅速激發現有的神經網絡或習慣，這項發現可以解釋我們在解決式支持裡所見到的快速行為改變。在焦點解決工作中的發現例外，就是以現有但不用的網絡來處理訊息。像是高峰成就的心流經驗，以及留意哪些事情進展順利等這類尋找更多激發訊息的開放性任務，都和具體實現學生對改變的最大期望有關。就你的教室管理與教學而言，如果你的最大期望是學生能自然而然的產生適性反應（adaptive response），那麼激活能產生行動的閒置神經網絡是一項不錯的選擇。如果你認同可塑大腦是處於不斷變化的狀態，那麼開發這種激活能力的機會一直都在，這與解決式支持在改變行為上的想法不謀而合。

反思

當學生好像出現獨特且不適當的行為時，儘管學校已經啟動行為管理系統，但學生仍重蹈覆轍，如何解釋當中的情況？

思考有關可塑的改變，如何有助於你了解行為改變的最佳行動方案？

你可以在你的筆記上記錄想法。

認知

在前幾章，我提到行為心理學派所倡導的行為管理取向在學校裡所造成的影響。我也一再強調教師的工作是教學而非心理治療。在質疑心理學及其對學校和教育的影響時，我並不否認心理學家在教育中的功用與重要程度。但我對於找出有利於師生工作的方法很感興趣。心理學不只有行為學派而已，另一個具影響力的心理學派也致力於改善學校的行為問題。認知心理學在 1960 年代成為一個新的研究領域（Neisser, 1967）。認知心理學家研究人們如何覺察、記憶、思考、說話和解決問題。1967 年，Neisser 出版《認知心理學》（*Cognitive Psychology*）一書，界定認知心理學的專業範疇，在此不久之後，精神科醫師 Aaron Beck 提出「認知行為療法」（cognitive behaviour therapy, CBT），這是一個結合行為學派和認知學派的理論。行為學派的部分包括使某人暴露於所害怕與逃避的事情，希望他們能對此漸漸適應。而認知學派的部分則是挑戰錯誤和扭曲的思維，並提出替代方案。Beck 認為無論哪一類的心理失調，思維扭曲（distorted thinking）對行為總是帶來負面影響，因此，認知行為療法能協助所有個案。Beck 說他的取向是屬於教育取向，教導心理失調的人了解他們的思維扭曲，那些他們認為是正確的核心信念但實際上卻是錯的，還有如何迎戰這些思維所帶來的影響。他認為人有缺點且失調，但同時又會設法改善。Beck 堅信大腦的機械模式是正確的。

Carol Dweck（2006）在研究 Beck 的觀點後，於此更進一步提出她的想法。Beck 宣稱認知行為療法能夠幫助許多被診斷為心理失調的患者恢復平常生活，而 Dweck 則表明她的理論可協助每一位帶著問題的人。Dweck 認為，每個人應監控那些發生在自己身上的事，並思考當中蘊涵的意義及他們應該為此做的事，人們根據一套他們認定為真的信念來詮釋所有的事情，而這個信念被稱之為「心態」（mindset）。她的研究將人劃分成兩類：持有定型心態（fixed mindset）或成長心態（growth mindset）。Dweck 主張持有定型心態的人會失敗，而帶著成長心態的人會成功，所以重點是教學生知道他們是如何思考，並且當他們發現自己有錯誤的心態時要如何改變。Dweck 指出這兩種心態明確不同，但兩者之間卻互通訊息，例如：帶著定型心態的人可能反而會使用成長心態的策略，但她認為相較於習慣帶著成長心態的人來說，這兩種人仍會產生不同的結果。很顯然的，她概念化大腦運作的方式和 Beck 早先提出的理論（行為學派）相同，就像是一部輸入錯誤程式的電腦，因此造成她與 Beck 都試圖消除扭曲的思維方式。

Dweck 反覆再三的強調，持續努力再努力的學習轉換心態是多麼的重要，一種心態在大腦中的具體代表就是一條神經網絡。藉由遍布大腦裡的神經元增強或弱化彼此間的連結，神經網絡也不斷的重新配置。功能專門化的神經網絡提高大腦運作效率並增加生存適應力，已建立的神經網絡回應相同的訊息而產生類似的反應，這就是習慣的形成。這和大腦可塑性的理論似乎有點矛盾：它可能處於永久性改變的狀態，而且傾向將任何特定的活動模式都變為固定。如果某個學生原本有某項不太好的行為習慣，來自於身體或是神經網絡的任何舊有訊息都可能會激活並予以增強。當我們開始和行為不當的學生展開矯正式對話時，重複敘述問題反而會激發這個習慣性的行為。為了激發替代性的神經網絡，積習已久的網絡必須被封鎖，直到替代性網絡取代原本的慣性反應為止。

評析

你如何阻擋有問題的行為習慣，或稱為失敗的神經網絡？

不予關注、完全忽視，在此同時激發替代性的成功網絡並得以增強。

要怎麼做呢？

用焦點解決。

結論

自從開始使用解決式支持做為教學方法，我總是驚喜於行為快速改變的學生們。在本章中，我對於大腦具有可塑性、可變性及動態性提出一些較新的想法，因為一個人對自己的世界有所了解，就能避免淹沒於內外夾攻的大量訊息中。如何改變習慣，如何以其他行為取代，我對此也提出解釋。我在討論中帶入這個有趣的想法，當你正試著解決複雜且棘手的問題時，我希望能給你信心繼續使用焦點解決處理行為問題。我並不是說焦點解決給你一根神奇魔法棒，在先前的經驗裡，有些和我晤談的學生需要投入更多的支持與時間，才能達成他們的最大期望。解決式支持是有效的，整體而言學生們都有調整性的改變，但有時候為了維持成功的行為改變，學生希望得到更多的支援。

使用解決式支持做為教學方法，你不需要深入了解本章所討論的神經科學，甚至根本不需要知道就能開始工作。不過，我認為身為專業人士應該觸類旁通，使我們的工作奠定在堅實的基礎之上。我為了平衡觀點而在其他章節回顧一些傳統行為管理的想法。我希望鼓勵我們所有老師，打破由上位者所制定的習慣和自動化反應，因為那些可能並不符合學生、家長及老師的最大利益。

反思

看看這項引述：

通常對於有特殊需求的孩子來說，立即裁決（summary justice）中的一項要素相當管用。如果你在星期一違反規定，星期三被抓到了，而中間你有一整天（星期二）能學到什麼教訓？從行為管理的角度來看，罪行與懲罰的時間點間隔越短，效果越好。（Charlie Taylor[1], Guardian, 2011）

幾年前，被英國政府短期任命為行為專家的 Taylor 聲稱，提出「你學到什麼教訓？」這個問題是一項「相當有用」的懲罰，這個方法可以用來教導有「特殊需求」的學生，避免他們重複不當的行為。他將此描述為犯罪、違法行為和懲罰。就你所知，運用當前心理學、教育學及神經科學對於行為及行為改變上的論述，你會如何舉證支持 Taylor 的主張，抑或你要如何提出反論？

1 英國《衛報》（*The Guardian*）於 2011 年引述 Charlie Taylor 的說法。Charlie Taylor 是英國政府所聘之學校行為專門顧問，他出版了《把簡單的事情做好：查理・泰勒的行為檢核表》（*Getting the Simple Things Right: Charlie Taylor's Behavior Checklists*）。這份報告提供校長幾項關鍵性原則，幫助改善校內行為問題並檢核教師行為。

參考文獻

Beck, A. T. (1985) 'Cognitive approaches to anxiety disorders', in B. F. Shaw, Z. V. Segal, T. M. Vallis and F. E. Cashman (Eds), *Anxiety Disorders: Psychological and Biological Perspectives*. New York: Plenum, pp. 115–35.

Doidge, N. (2007) *The Brain That Changes Itself: Stories of Personal Triumph from the Frontiers of Brain Science*. London: Penguin.

Dweck, C. S. (2006) *Mindset: The New Psychology of Success*. New York: Random House.

The Guardian (2011) 'Schools must engage pupils better, warns Michael Gove's behaviour tsar'. Available at: www.theguardian.com/politics/2011/nov/20/schools-michael-gove-behaviour-adviser (accessed 1 March 2015).

Merzenich, M. (2013) *Soft-Wired: How the New Science of Brain Plasticity Can Change Your Life*. San Francisco, CA: Parnassus.

Neisser, U. (1967) *Cognitive Psychology*. Englewood Cliffs, NJ: Prentice-Hall.

Pascual-Leone, A., Amedi, A., Fregni, F. and Merabet L. B. (2005) 'The plastic human brain cortex', *Annual Review of Neuroscience*, 28: 377–401.

Pink, D. H. (2009) *Drive: The Surprising Truth about What Motivates Us*. London: Riverhead.

10

改變行為的實務工作

閱讀這一章的內容，讓你有機會可以：

- 整理你所學的新知識及在實務上的應用
- 強化你對解決式支持取向清晰且務實的理解
- 參照這章的其他實例，思索如何用在你的實務工作中

逐步學習專業能力

身為老師的我們需要直觀且實際的想法來改善工作，最好可以立即就在教室裡付諸行動。為了能有自信的運用某個特定取向，我們也需要了解使用原因。我希望藉由本書讓你更清楚理解在教育學中所稱的「行為」，並在了解後幫助老師規劃及執行班級管理和教學。

我先前以許多運用解決式支持的案例貫串全書，希望你在閱讀時對其架構和應用上有通盤的理解。

現在是時候一起來具體認識這個取向的細部架構，並且知道如何在你的環境中付諸行動。九項具有連貫性架構的實施步驟構成解決式支持。接下來將帶你順著這條思路學習，但請注意，這不是一份腳本，反而更像是一份指南或者是一張地圖。

評析

解決式支持是尋找解決辦法的一種方式，不受限於任何特定類型的複合式問題。請記住：我們知道在焦點解決的思維中，顯現於外的問題特性並不能決定解決的方式，就像我們前面提到那個被形容為有不當行為問題的學生，他的解決辦法是改善他的筆跡。這是一種有助於解決許多不同既有問題的取向。例如，某個學生出現學習困難，尋找那些已經起作用的部分，以此為基礎再往下延伸，這也是個很棒的實務教學策略。我的工作主要是和學生們共同關注他們的行為舉止，但在我們的團隊中有其他許多例子，是使用這個取向有效的協助那些學習困難的學生，而不是關注他們的行為問題。例如：有位小學特殊學生輔導員問我，這個取向是否能幫忙兩位不但語文程度落後，同時也不願意跟著老師一起學習的學生。在一次由輔導員、兩位學生和我一起參與的解決式支持晤談結束之後，兩個小男孩開始跟著輔導員一起讀書，而且她自己也開始使用解決式支持協助學生們並追蹤進展。

反思

在你剛要把解決式支持導入工作時，考慮先用在稍具挑戰，但你很有可能成功的情況。最好小心避免因目標過高而失敗；先照著以下所列出的架構進行，再逐步發展出自己成功的模式。你可以自主運作解決式支持，在自己的專業發展上獨當一面。

展開實務工作

好的教室管理促進正向的學習行為。在開始教學生涯時，你可以將其視為一個需要規劃的管理項目。本書先前提過，注重成果的邏輯模式是其中一種訂定計畫的方法，雖然這會讓你付出額外心力，但卻能幫助你建立教室管理機制，以減輕工作負擔。

解決式支持的架構

在閱讀整個架構時，請特別記住這並非一成不變的腳本，你可以運用在各種合適的情境中。

焦點解決工作的三項基礎信念

當你在進行任何焦點解決工作時，請記住三個信念：

- 學生是成功的。
- 學生是具有擁有資源的。
- 學生是充滿希望的。

還有兩個通則：

- 如果什麼事情是有用的，就多做一點。
- 如果有些事情沒有效果，就做點別的。

解決式支持架構的流程清單

1. 進入預備狀態
2. 場面構成
3. 計畫
4. 不談論問題的對話
5. 目標
6. 例外
7. 評量
8. 讚美
9. 任務

步驟一：進入預備狀態

我們現在要詳細介紹開始前的準備，以及如何進行解決式支持晤談，我會提到所有可能對你有所助益的內容。記得，不需要在同一回晤談裡用上所有項目，只用制定計畫、不談論問題的對話及評量這三項做為主要焦點，就足以讓一次晤談發揮功效。如果你能用的時間很少，做任何你能做的，保持和學生一致的步調，不要急；記住，以簡可以馭繁。剛才提到這些和學生一對一的工作重點，同樣適用於兩個人以上的晤談（例如：和學生及其家庭成員，再加上校方代表）。我建議你在這個階段所提出的問句，僅用於讓你對問題輪廓形成概念。至於你要如何提問，就要看你自己說話的方式，並要符合來談學生所使用的語言。加上一些練習，你會發展出自己的風格，在你可以和學生談話之前，先找一個友善的人來試著練習提問。

從你第一次開始晤談，隨著過程所做的對話筆記是很重要的。我發現筆記本很有用，而且這對學生來說是再熟悉不過的事，因此你所做的是一件很普通的事。讓學生知道你寫下來是為了幫助你們記住一些事，如果他們願意，他們隨時可以看你所寫的東西。這能幫助你掌握工作狀態並且專注於當下，但避免寫出你私人的評論或分析。你可以使用這份筆記做為自存的訊息來源，如果學生想要保留一份他們成功的紀錄，在工作結束時把正本留給他們，必要時留下一份影本做為存檔。我發現他們通常都很樂於保存這份紀錄。這份筆記能讓你們一起追蹤改變並提供回饋。你可以問學生，他們想不想在筆記本上寫些東西，或者是自己畫上那條量尺等等，和他們共同承擔晤談中全部的工作責任。有時候，學生會自己接下做紀錄的任務。學生們總是非常有興趣查看他們的改變歷程及成功經歷，因為他們正朝著自己的最大期待邁進。至於會談進行時，你需要清楚的知道晤談將需要多長時間，在進行中隨時留意並準時結束。如果你需要更短或更長的時間，就跟學生商量討論。

步驟二：場面構成

晤談一開始，先簡單介紹這個取向，例如：

「我們將會展望未來，發現哪裡是你希望到達的目標，還有找出哪些是你擅長的事。」

與進行任何課程之前一樣，跟學生說明這項工作的目的。

步驟三：計畫

找出學生在學校裡的期待。提出「最大的期望」的問題：

「在這個星期、這個月或這個學期，你對學校的最大期望是什麼？當情況變得比較好的時候，什麼會讓你注意到事情有些不一樣了？」

這些問題是為了讓學生充分描繪出改變後的生活情況。如果這項計畫的目標是「我的行為」，查明這對學生的意義。他們會清楚知道需要改變什麼才能讓情況好轉，所以不妨直接問問他們的想法。這也帶出計畫的整體目標。依我的經驗通常是些簡單明瞭的事，像是：「遵守班規」、「好好上課」、「準時到校」。

步驟四：不談論問題的對話

當你完成場面構成之後，告訴學生你現在要先將這些擱置一旁。你想問些其他的事情，調查學生的喜好、成功經驗、優勢和資源等。找出學生喜歡做的事、擅長的事，以及關於使他們能將成功帶入生活中的優勢和資源。讓學生知道你注意到他們的優點和因應能力。這喚醒他們的成長心智圖，並激發連結能力、自信和成功的神經網絡，進而改善學生對於學校的觀點。

步驟五：目標

找出一小步的改變能讓學生往較遠的目標邁進，那是他們的最大期待：

「假設情況正在好轉，你會注意到有什麼不同？什麼可能有一點點改變，這能幫助你達到目標？什麼是你可能可以做到的小小改變的事呢？」

這意謂著下一步已經出現，也就是一個短期目標。

步驟六：例外

找出已經發生過的解決方法。舉例來說，如果計畫目標是「我在班上的行為」，你或許可以這麼問：

「告訴我，某次你在課堂上，也許你可以像往常一樣開始聊天或起身離開座位，但是你卻沒有那麼做，這是在什麼時候發生的？能跟我談談這個嗎？」

也許，你常常得到的直接回覆是：「我不知道」。對此，你可以溫和的進一步探問，例如：

「你說不知道，那是個誠實的答案，這是一個不好回答的問題。但是，如果假設你是知道的，假設你確實知道有那麼一次你可以像以前一樣，但是你卻沒有。告訴我那是什麼情況？」

找出例外經驗是帶給學生一份寶貴的資產。這讓他們知道自己早就成功過，而現在他們必須要做的就是「多做一點有用的事」。這會讓你的工作非常直接明確，因為現在你知道解決方法，而且它早已發生。

步驟七：評量

請記住這裡所說的是描述性評量，它是為了幫助學生追蹤改變情況並提供回饋給師生雙方。學生可以在紙上看到他們的成功。這並非由外力強迫改變發生，而是在你們的晤談過程中保持學生的自主性。當你聽到一個例外經驗，這是解決方法已經發生過的證據，可以當作成功的預兆。下一步是找出如何與學生整體的「最大期望」相連結。

運用評量，可以發現學生當下把自己定位於量尺上的何處：

1 ＝沒有更靠近他們的最大期待

10 ＝達成最大的期望

學生可能在 1 左右的地方畫記，基於你在找例外時討論過成功經驗，這時候解決方法早已出現。找出當時什麼發揮作用，以及哪些相關優勢和資源帶來學生的成功。以評量問句探問學生近期內希望達到的進度，也許是明天，也或許是下週。問問學生，當他們在那裡的時候，他們可能會做些什麼不同的事情。即使「今天，我們的晤談就要結束了」，如果學生仍然停留在 1，你可以繼續問短期內他們希望到達的地方。你可以回到當時成功的例外經驗，再問學生一次評量問句。

「所以，你是怎麼能到……？是什麼讓你把自己放在……？」

萬一，他們依舊選 1，你可以用被稱之為「因應問句」（coping question）的問題，典型的一種問法像這樣：

「所以，即使你說什麼也沒改變，我仍然很想知道你是怎麼堅持下來而沒有放棄？是什麼讓你能處理這些事？」

如實的告訴他們，你在他們的故事中所觀察到以及他們自己所提到的優勢和資源。你可以強調其中一個共同點是：他們來跟你談話，並且持續投入你們共同協力的晤談中。

步驟八：讚美

告訴學生，你要給他們一個讚美。確認他們知道「讚美」的意涵，在我的經驗中，很多學生並不清楚。思考你們剛剛的對話，你對學生最深刻的印象是什麼，你在他們的故事裡聽到什麼，還有他們和你一起工作時的態度是怎麼樣的？你應該要為你的讚美提出憑據，這會使它們更為有力。讚美學生，同時也請學生讚美自己。

步驟九：任務

邀請學生留心那些對他們來說進展順利的情況，讓他們知道無論處於何地或何種量尺上，都可以試著發掘那些有所好轉或是進展順利的事。重要的是，注意那些雖然毫不起眼但卻還不錯的小事。如果需要的話，安排下一次見面的時間。

從解決式支持開始

以上是解決式支持的簡要回顧。為了增進記憶，你可以在隨身筆記本上列出上述的要點。目前有許多用於學校和其他場域的焦點解決說明，雖然我所列的架構和其他人大同小異，但如果別的版本更適合你，請自由採用。其實，在焦點解決短期治療的相關書籍中，你可以找到更多完整且易讀的說明，關於這些內容請參考 Ratner 等人（2012）的著作。

我提出一個概要性的架構，你可藉此看到在教學課程中所有可能用上的材料。不過，你會在實務工作中漸漸的發展出自己的技術和信心，你知道如何使用這個架構，以及它如何適用在你的整體教學上。為了幫助你入門，我將提出幾點使用上的具體建議，它們都是來自於我自己在學習路上的親身經驗。

在一般的情況下，試著將你所教的學生看作是成功、有資源並且充滿希望的人。如果你的發問得到一個令人驚訝或不太妙的答案，請將此視為是學生已盡其所能給你的最好答案。邀請學生留意在課堂上進展順利的事，並花一點時間收集他們及你自己的成功觀點。或許你也可以累積起來，張貼在班級內的「好事留言板」上。這兩種方式都能強化你正在學習的這個好方法，並且帶來回饋，當你在班上規劃某些特定活動時，你會知道哪些事情需要改進。你可以使用評量問句了解班上認為某個問題當前所在的位置，然後計畫下一步該怎麼進行。

對你來說，解決式支持是一個有用的教學方法嗎？這聽起來可靠嗎？

本書基於實證本位（the practice-based evidence）提出證據，大都出於我自己過去 20 年的實務經驗。你可能仍然對於老師在班上如何使用焦點解決取向有所疑慮，這裡有些證據也許能增加你的信心。在剛進入 21 世紀的頭幾年，我認識一位小學老師 Tim Taylor，那時他也為工作投入研究，他運用想像力探詢（imaginative inquiry）做為教學方法。我們很快意識到焦點解決的提問和想像力探詢有相同基礎，於是開始分享彼此的理念及實務經驗，有些事情我們一直持續至今。在 Tim Taylor 的同意下，以下的案例是由一位班級教師的觀點來敘述整個故事，以此做為解決式支持的實證。

案例：一位班級老師的觀點

當我在 1995 年開始教書時，那時當紅的行為管理「權威」是 Bill Rogers[1]。他 1997 年的書《公平的原則》（You Know the Fair Rule）[2]（Rogers, 1997）曾是我的忠實夥伴，Bill 提出的建議既實用又縝密，最重要的是有效，對我來說全都非常寶貴，他曾幫助我這個超級嫩的新手教師熬過頭幾個月的教學工作。

「公平的原則」是和孩子共同建立一套清楚明確的規定，並且讓他們知道在學校該有的行為舉止，這是為了能讓所有學生融洽共處、一同學習。規定是公平的，因為它是經由共同協商之後才訂立，在開始執行前已取得每個人的同意。這是一項非常有效的策略，直到現在，新學年一開始，我仍會和新任教的班級訂立共同契約。我們一同草擬規則的內容並取

---

1 Bill Rogers 博士是一位澳洲的老師，並在英國、歐洲、澳洲及紐西蘭等地擔任教育顧問，專門領域為有效教學、壓力管理和班級管理等教學議題。

2 這本書的名稱為 *You Know the Fair Rule: Strategies for Positive and Effective Behaviour Management and Discipline in Schools*，目前尚無中譯本。

得每個人同意，包括大人在內，然後大家在契約上簽名，將公約張貼在教室的牆壁上。身為教師，我的工作是堅定的依法執行這份協商過的規定。有時候這會讓我變得有些不友善，我雖然不怎麼喜歡，但這是我的工作。

經過一段時間之後，大家意識到這些規定是公平的，如果他們堅持遵循規則而不破壞，每個人都能從中受益，而且日常生活也會更為輕鬆。這表示任務達成。

但是，事情有時候並非如此。

我在一個受到嚴重社會剝奪的地區當了四年老師，前後不同時期，有三個在我班上進進出出的男孩，他們讓我很困擾。

Bill Rogers 的理論雖說有幫上忙，但也不盡然；他的方法讓我跟這些男孩度過一整年，但我總覺得這是靠著意志力支撐，而不是真正的教育洞見。捫心自問，我不敢說那些男孩除了遵守規矩之外還學到什麼，充其量就是其他小孩的學習課程沒有被不當打擾。很顯然的，我需要一套不同的補助策略，並不是完全取代Bill Rogers，他的原則對大部分情況仍然有用。我需要一種完全不同的工作方式，幫助我找到門路能靠近那些卡在問題當中的孩子。就在這個時候，我從 Geoffrey James 那裡認識焦點解決這個取向，他正在當地官方服務處擔任諮詢支援教師（Advisory Support Teacher）。Geoffrey 那時正忙著他的博士學位，並同時和那些即將受到永久停學的孩子們一起工作。他跟我討論，在我的班上那些「極端值」（outliers）何以要抵制行為常規，而這又如何導致他們越來越難留在學校。

Geoffrey 解釋，對大多數孩子來說，如果了解他們身為社群一分子，彼此相互合作會帶來好處，那麼採用這種規則一致的方法，效果就很不錯，但對於那些看到權力就反抗的孩子，這是沒有用的。依我的經驗，校方會為了其他學生和工作人員的整體利益著想，最後強制移走他們，但是這些孩子在這之前並不打算讓步而會維持現況。

Geoffrey 認為行為管理方法取決於執行權力，只有在行使權力的人準備好要執行，同時受管轄的人也願意服從才會發揮作用。只要有某個人拒絕順服於權力之下，無論是什麼原因，結果都可能會是一場災難。

萊恩的故事

幾年前，一位名為萊恩的男孩來到我任職的學校。他來自另外一所轉介學校，說得好聽一點叫作「卓越中心」（Excellence Centre），那是專門為某些被一般學校開除的學生提供臨時教育的單位。由於他的暴力行為，他正面臨轉介託管（managed move），這是一項永久停學的替代方案。我受邀拜訪他，那時他仍是卓越中心的一名學員，下週他將進入我的班級，我們有機會可以在此之前先見上一面。

當我抵達時，萊恩在一間足夠容納九到十位學生的教室裡，他獨自坐在一張桌子旁。有兩個大人在他旁邊，一位試著鼓勵他閱讀。萊恩雙手托腮，無精打采的盯著書本。我挨著他坐下，他也沒有抬頭。與其他六歲小孩相比，他看起來年紀更小一點，特別是，那時的他坐在本是為青少年所準備的房間裡。

當天早上，我們大約共處了一個小時。我試著跟他描述我所任教的學校，還有我們正在學的內容。不過，他顯然興趣缺缺。我問一些跟他有關的問題，但我聽不清楚他喃喃自語的回答。我決定試試不同的方法，我開始用想像力探問跟他聊天，就像我在班上所做的那樣。

我　：想像我們是某個探險隊中的隊員，我們正位於一個叢林密布的小島上。傳說這個島上有隻恐龍，但是我從來沒遇到。登上小島後的生活一開始是滿辛苦的，因為我們找不到地方可以睡覺。不過，後來我們在樹上搭幾間小屋子就解決了這個問題。爬到樹上真的很棒，如果用望遠鏡的話，我們還可以瞭望整個小島。

萊恩露出一絲淡淡的笑容，開始有點感興趣。

我　：如果你在那裡，跟我們一起在那個小島上，你想看到什麼動物？

萊恩：老虎。

我　：我想那個島上是有老虎的。我猜非常有可能。如果你真的看到一隻老虎，你會做什麼？

萊恩：抓住它。

我　：嗯。我想你需要設一個陷阱。你會用哪一種陷阱？

萊恩：一個有籠子的。

我　：那應該有用。我們把它畫出來，你說好不好？

在剩下的時間裡，我們畫了一張抓老虎的設計圖，然後我順勢問萊恩幾個問題。

我　：所以，你想我們應該用什麼來引誘老虎？你覺得誰會抓著這條繩子？

當我離開時，萊恩留下了那張設計圖。

我希望他喜歡來我們的學校。我們為他設計了一套計畫，包括一位專屬的個別助理員、一間他想去就可以去的活動小空間、定期的校外參訪活動、到公園玩，還有幫忙校長跑跑腿的小雜事。我們的目標是希望找到學校某些他想待的地方，然後慢慢的，一小步一小步的，讓他融入學校的日常規律之中。

我以為這是一件很容易的事，但美夢在第一天很快就破滅了。萊恩跟著卓越中心的助理員一起抵達學校，他進入教室，朝班上瞄了一眼，然後推倒一張椅子，接著衝出教室。接下來的一整天，他都跟個別助理員待在活動小空間裡。

隔天，他沒有走入我的班級，他進行一次校園巡禮並爬上外頭的建築物，以此展開他平靜而愉快的早晨時光。在遊戲時間，我們想看看他如何與其他孩子互動，我們問他要不要去操場。他說他想。

但結果並不理想。當他一踏入操場，肌肉就突然繃緊，他瞇著眼睛、緊咬牙根。我雖然一直在他附近，但是他一下子就不見了，他跨過操場，朝著一位從接待處走出來的大男孩狂奔。萊恩跑到大男孩面前，揮出一記直拳正中他的臉，隨後將他推倒在地。

整個操場的人似乎都因為過於震驚而僵住。這是其他孩子從來沒有在學校裡看過的景象。唯一在動的只有萊恩，他還在跑，我試圖抓住他。當他跑到學校大廳的牆邊，終於停了下來，他倒下癱成一團並將頭深深埋入雙手之中。

我可以做什麼呢？我完全沒有頭緒。我要用什麼字眼來說明他的行為？他到底怎麼了？

沒有答案，我在他旁邊坐下。我聽見他正在哭。

在我面前是安靜的操場。那個大男孩已經被教學助理們連扶帶搬的送走了，他們擦著大男孩的眼淚，聯繫他的媽媽並且看著他回到班上。剩下的孩子重新投入原本的遊戲、奔跑、追逐、咯咯笑，一如既往。

我　：萊恩，其實你不必像現在這樣。我們可以幫你。

於是我們做了些嘗試。萊恩留在學校裡，我們開始一起使用解決式支持。每天，我們會討論他的最大期待，當出現狀況時，我們總是問他覺得可以做些什麼不同的事情來讓情況好轉。對我們或者對他來說，有好一段時間是很辛苦的。我們是一所非常重視自然公平原則的學校，但我們卻受困於自己的模式中，而萊恩覺得自己是一個失控的人，他也是自己憤怒情緒下的受害者。

不過，事情慢慢有了轉變。萊恩不像以前那樣常常逃跑，反而更常與人交談。他仍然會發脾氣，但他越來越能以講道理的方式溝通，不可理喻的情況則越來越少。他的媽媽還注意到一項改變，他開始交朋友，起初只是學校的行政人員，後來範圍擴大到其他的孩子。他參加柔道社團，也開始踢足球。在我離開學校前，他已經有了這些改變，之後也一直持續。他念完高中、通過考試，而現在有一份工作。我之所以知道這些，是因為我時不時就在臉書上得知他的近況。

評析

這位老師並沒有受過解決式支持的正式訓練，但卻已經在行動中了解這個取向，故事裡曾提到他決定試著用這個取向來幫助萊恩。我告訴他如果遇到困難，可以打電話給我，但我認為他可以順利的用自己的方法來運行。事實上，他沒有打過電話向我求助。

過去試著藉由外在控制和懲罰來改變萊恩的行為是無效的，他已經因為自己的行為而被學校永久停學。他的老師需要不斷努力以保持焦點解決的正向觀點，持續關注萊恩的成功潛力，而不只是看到他失敗的表現。來自師生共同努力的工作成果，是讓萊恩能在學校裡發生改變、持續前進、融入環境並獲取成功的主要原因。

我將用另一個改變的證據來結束這本書，這是一個情況複雜但結局漂亮的故事。就像早先我們在第五章見到的亞當，由於學生的缺席而造成種種條件限制，雖然不是顯於外的破壞性行為，但卻是另一種藏於內的行為問題。蓋瑪，是我長期借調到兒童暨青少年心理健康服務中心時的一位學生。根據規定，個案管理會有一位精神科顧問醫師監督學生所接受的醫療，而我則是提供解決式支持的晤談。對我來說，這個簡單方法能在面對複雜的問題時展現力量，即使陷入非常艱困的景況，在晤談中，學生會成為自己成功的原動力，透過自己的內在動機而發生轉變。

在我們晤談的那段時間，蓋瑪正面臨幾項全新的重大挑戰，但她全都一一克服了。一開始我請她在量尺上評估整天留在學校的狀況，她認為自己是在 3 。當我問她在接下來的兩週內，是否可能改變到其他位置，她回答「留在原地」。因此我請她觀察待在原地的自己，這成為她的任務。她的最大期望總是相同，不過每次我們見面的時候，她總是告訴我，她已經做了哪些改變而且情況有所改善。她的臨床心理師告訴我，這就是其中的差異，在認知行為治療沒有展現作用的地方，解決式支持卻發揮了功效；我們用焦點解決，我將蓋瑪視為她自己的專家，她有自主能力和目標，這些支持著她往前邁進。

案例：蓋瑪

蓋瑪 14 歲，她已經不去學校了。她曾經很優秀，雖然表面看來一切都很平順，但那時有些事情已經嚴重脫軌。她發現去學校變得越來越困難，後來她離開學校，也不再與人聯繫。她被轉介到當地的兒童暨青少年心理健康服務中心，那時我是借調的支援教師，由我為她提供教育協助。

在兒童暨青少年心理健康服務中心的診所裡，我們在一間燈光柔和的房間裡會面，蓋瑪坐在她的爸爸和媽媽中間，臨床心理師道恩和我本人也在場。我們彼此互相介紹，道恩說她之所以邀請我參加這次會議，是因為我所提供的教育協助屬於心理健康團隊中的一部分，除此之外，她認為我的方法也許會對蓋瑪有所幫助。道恩先前已經告訴我，她起初對蓋瑪實施認知行為療法（CBT），但發現並不適合，那對蓋瑪一點幫助也沒有。道恩覺得焦點解決取向也許對蓋瑪更有用，這能避免讓她在修正習慣性的錯誤思考時覺得焦慮。

我　：蓋瑪，道恩邀請我今天來參加妳的會議，因為我很關心妳和妳的學業，還有妳是怎麼看待妳身邊所發生的事情。所以，接下來我要問妳一個問題：就妳的學業來說，妳最大的期望是什麼？

蓋瑪的父母看看我，然後又看看她。對蓋瑪來說，繼續學業是一個難以思考的事情，更別提要跟一個陌生人談這件事。我等待著她的回答。

蓋瑪：我希望，到九月的時候，我可以待在學校一整天。

她的父母很驚訝的看著我。

我　：嗯，原來如此……妳的最大期望是到九月的時候，妳可以待在學校一整天。是這樣嗎？

蓋瑪：是的。

現在是五月，還有四個月就要升上十年級。

我　：關於妳最大的期望是在九月時，能回到學校並且待上一整天，我們可以為此一起做點什麼。這會對妳有所幫助嗎？

蓋瑪：會。

我　：我們就這麼辦，妳說好嗎？

蓋瑪：好的。

我們立即開始行動，每兩個星期見面一次，直到夏季學期結束為止。

九月一開始，新學期展開，我進入診所，穿過候診區，走到服務台那邊，準備進行和蓋瑪以及她媽媽的九點約診。她們已經在那等著跟我見面。蓋瑪穿著成套的學校制服。我根本不用問就知道，她原本的最大期望已經實現。她回到學校並完成整天的課程。

結論

那些我所遇見並一起工作的學生們，因著他們的友善合作，我擁有見證眼前的孩子與青少年成長茁壯的美好經驗。我對他們致上謝意。這本書記錄蓋瑪從五月到九月之間的生活，她回到學校並實現了自己最大的期待。也提到亞當和他的計畫，讓幸福回歸到他的學校生活之中，另外還有在其他案例裡所遇見的學生們。這本書是給所有那些在學校像蓋瑪和亞當一樣的學生，他們面對學習上的挑戰時能衝破重重阻力，最後克服困難。同時，這本書也是獻給身為老師的你，在未來和學生們生命共處的那些時刻，你能幫助他們獲得成功和快樂。

參考文獻

Ratner, H., George, E. and Iveson, C. (2012) *Solutions-focused Brief Therapy: 100 Key Points and Techniques*. Abingdon: Routledge.

Rogers, B. (1997) *You Know the Fair Rule: Strategies for Making the Hard Job of Discipline in Schools Easier*, 2nd edn. London: Pearson.

國家圖書館出版品預行編目（CIP）資料

翻轉教室行為：新手教師的焦點解決指南／
Geoffrey James 作；林宏茂等翻譯.
-- 初版. -- 新北市：心理, 2019.03
面； 公分
譯自：Transforming behaviour in the classroom : a solution-focused guide for new teachers
ISBN 978-986-191-854-9（平裝）

1.班級經營 2.行為改變術

521.64 107023551

焦點解決系列 22314

翻轉教室行為：新手教師的焦點解決指南

作　　者：Geoffrey James
校 閱 者：林宏茂
譯　　者：陳湘芸、李御儂、李露芳
執行編輯：高碧嶸
總 編 輯：林敬堯
發 行 人：洪有義
出 版 者：心理出版社股份有限公司
地　　址：新北市新店區光明街 288 號 7 樓
電　　話：(02) 29150566
傳　　真：(02) 29152928
郵撥帳號：19293172　心理出版社股份有限公司
網　　址：http://www.psy.com.tw
電子信箱：psychoco@ms15.hinet.net
駐美代表：Lisa Wu（lisawu99@optonline.net）
排 版 者：辰皓國際出版製作有限公司
印 刷 者：辰皓國際出版製作有限公司
初版一刷：2019 年 3 月
I S B N：978-986-191-854-9
定　　價：新台幣 250 元